Inhaltsverzeichnis

Über das Arbeiten mit diesen Materialien	2
Vorwort des Verlages	4
Schülerbeurteilungsbogen / Blanko-Auftragskarte	5
Übersicht über die Themenschwerpunkte	6
Übersicht über die zusätzlichen Angebote	7
Arbeitsblätter zu den Themenschwerpunkten	9
Arbeitsblätter zu den zusätzlichen Angeboten	41
Leistungsüberprüfung	73
Lösungen	75
Literaturhinweise / Internetadressen	76

Passend zu diesem Themenheft erhalten Sie kostenlos ein Begleitheft mit pädagogischem Leitfaden, Animationen, Audios und interaktive Übungen für die Kinder.

Einfach den QR-Code scannen.

Wasser

Über das Arbeiten mit diesen Materialien

Wasser gehört zur Lebenswirklichkeit der Kinder. Jeden Tag kommen sie damit in Berührung: beim Waschen, Spülen, Putzen, Blumengießen usw. Sie trinken es bzw. brauchen es, um Getränke zuzubereiten (z. B. Tee, Getränke aus löslichem Pulver). Sie erleben Wasser auch in verschiedenen Zustandsformen. Die meisten Kinder wissen auch, dass Wasser für Pflanzen, Tiere und Menschen lebenswichtig ist. Der Wasserkreislauf, die Wasseraufbereitung, der Ablauf in einer Kläranlage sind den meisten Kindern jedoch unbekannt. Auch die Art und Weise, wie das Wasser in ein mehrstöckiges Haus gelangt, ist unbekannt. Viele Kinder (und auch Erwachsene) gehen noch zu sorglos mit Wasser um. Ihnen ist nicht bewusst, dass Trinkwasser nicht selbstverständlich ist.

Das Thema „Wasser" gehört zu den Aufgabenschwerpunkten der Klassen 3 / 4 des Lehrplans Sachunterricht. Die Kinder sollen sich mit der Bedeutung des Wassers für das Leben von Menschen, Tieren und Pflanzen auseinandersetzen und zu einem bewussteren Umgang mit dem Wasser angeregt werden. Sie sollen sich der Vielfalt der Erscheinungsformen und Nutzungsmöglichkeiten des Wassers bewusst werden. Außerdem sollen sie die Gefahren erkennen, die vom Wasser ausgehen.

Die vorliegenden Materialien berücksichtigen die Anforderungen der Richtlinien und Lehrpläne: Die Kinder sollen die Natur beobachten und erklären. Sie sollen Mitverantwortung für die Erhaltung und Pflege von Natur und Umwelt übernehmen. Hierzu gehört, dass sie den eigenen Wasserverbrauch kritisch betrachten und überdenken. Die Kinder werden angeregt, eigene Beobachtungen zu machen und diese auszuwerten. Sie sollen in einfachen Versuchen Eigenschaften des Wassers und der Wasseraufbereitung erkennen und nachvollziehen. Die Vermutungen und Erfahrungen der Kinder über das Wasser werden erweitert, geordnet und begründet. Grundlegende Fachbegriffe werden geklärt und gefestigt. Die Kinder werden zum selbstständigen und entdeckenden Lernen angeregt.

Es ist sinnvoll, den Kindern Sachbücher und Lexika zum Beispiel in einer „Bücherkiste" oder auf einem „Thementisch" zur Verfügung zu stellen. Auch das Medium Internet kann mit einbezogen werden.
Viele Hinweise findet man bei: *www.quarks.de, www.wasser.de, www.umweltbundesamt.de, www.bmuv.de, www.umweltlexikon.de.* Aber auch bei den allgemeinen Suchmaschinen, wie zum Beispiel *www.yahoo.de* oder *www.google.de,* findet man viele Hinweise.

Die vorliegenden Materialien zum Thema „Wasser" sind fächerübergreifend. Sie enthalten neben den grundlegenden Materialien, die die Anforderungen der Aufgabenschwerpunkte des Lehrplans Sachunterricht abdecken, zusätzliche Arbeitsangebote, die ergänzend im Unterricht eingesetzt werden können. Die Reihenfolge der dreifach differenzierten Themenschwerpunkte kann variiert werden.

Themenheft Wasser

Der Vorschlag zur Leistungsüberprüfung (s. S. 77/78) kann Ihnen bei der Beurteilung helfen, inwieweit die Kinder die erarbeiteten Sachverhalte über das Wasser verstanden haben und beherrschen. Daneben gibt es einen Beurteilungsbogen, in dem die Kinder eine Rückmeldung auch über ihr Arbeitsverhalten bekommen. Dieser Bogen wird den Kindern am Ende der Reihe überreicht.

Im Grundlagenteil gibt es zu jedem Themenschwerpunkt drei verschiedene Angebote mit unterschiedlichen Schwierigkeitsgraden (💧 = einfach, 💧💧 = mittel, 💧💧💧 = schwer). Die Materialien können daher gut zur inneren Differenzierung oder auch als vorbereitende oder vertiefende Hausaufgaben eingesetzt werden.

Diese Arbeitsmappe enthält außerdem eine Blanko-Auftragskarte, da sie sich auch leicht als Lernwerkstatt zum Thema „Wasser" einsetzen lässt.

Die Materialien können aber auch als Grundlage für ein Projekt genutzt werden. Die Ergebnisse können dann auf einem Projekttag den Eltern und Mitschüler*innen vorgestellt oder auf einem Ausstellungstisch oder in einer Vitrine usw. im Schulgebäude präsentiert werden.

Es empfiehlt sich, mit den Kindern ein Wasserwerk oder eine Kläranlage aufzusuchen. Dies kann vor der Behandlung des Themas „Wasser" im Unterricht geschehen, der Besuch kann aber auch während der Behandlung des Themas oder zum Abschluss der Reihe erfolgen.

Wenn ein geeigneter Bach in der Nähe der Schule ist, kann man mit den Kindern auch eine Bach-Exkursion durchführen. Hierfür ist es aber unbedingt notwendig, dass man sich vorher bei der entsprechenden Verwaltung erkundigt, ob dies erlaubt ist und welcher Bach ungefährlich (z. B. wegen Belastung durch Bakterien) ist. Es gibt auch einige Naturkundezentren, die Bachuntersuchungen für Schulklassen anbieten.

Die vorliegenden Materialien lassen sich aber auch als Kartei im Unterricht nutzen.

Liebe Lehrkraft,
wir möchten in unseren Materialien niemanden benachteiligen oder diskriminieren. Daher nutzen wir unter anderem das Gendersternchen, um alle Geschlechter anzusprechen. In Texten für Schüler*innen verzichten wir jedoch aus Gründen der besseren Lesbarkeit darauf und nutzen weiterhin entweder die „neutrale" Form oder Doppelformen. Selbstverständlich sind stets alle Geschlechter gemeint.

Wasser

Vorwort des Verlages

Liebe Kolleg*innen,

mit dem **THemenHeft - Wasser** aus der Themenheft-Reihe haben Sie eine Materialsammlung erworben, die Ihnen aufgrund des Aufbaus vielfältige Einsatzmöglichkeiten bietet:

- Einsatz als Themenheft, als Projekt oder auch als Werkstatt
  (durch die beigefügte Blanko-Auftragskarte)

- fächerübergreifende Bearbeitung des Themas

- Arbeitsblätter zu den **Themenschwerpunkten** entsprechend Lehrplan Sachunterricht

- dreifache Differenzierung dieser Arbeitsblätter
  – zur inneren Differenzierung
  – zur vorbereitenden oder vertiefenden Hausaufgabe
  – für verschiedene Jahrgangsstufen
  – für inklusiven Unterricht

- Die Reihenfolge der Themenschwerpunkte kann variiert werden.

- weiterführendes Arbeiten über das Kernthema hinaus durch (nicht differenzierte) Arbeitsblätter zu **Zusatzthemen**

Zu Ihrer Arbeitserleichterung enthält dieses Heft:
- Vorschläge für die Gruppenarbeit
- eine Lernzielkontrolle zum Verständnis des Themas sowie
- einen Beurteilungsbogen als Rückmeldung zum Arbeitsverhalten für die Schüler*innen.
- Bewertungskriterien bei Aufgaben zum freien Schreiben, zu Kunst …

Wir wünschen Ihnen viel Erfolg bei der Arbeit mit dem Themenheft „Wasser".

Ihr BVK Buch Verlag Kempen

	RÜCKMELDUNG			
Liebe / r _____ , so hast du beim Thema „Wasser" gearbeitet:				
		😊	😐	☹️
Du hast konzentriert gearbeitet.				
Du hast selbstständig gearbeitet.				
Du hast deine Arbeiten beendet.				
Du hast dich an Unterrichtsgesprächen beteiligt.				
Du hast deine Mappe in Ordnung gehalten.				
Kommentar:				

✂ ··

Auftragskarte zu Werkbereich

Wasser

Themenheft — Wasser

Übersicht über die Themenschwerpunkte

Themen-schwerpunkt	Schwierigkeitsgrad			Seite
	einfach	mittel	schwer	
Wasservor-kommen auf der Erde	Wasservorkommen auf der Erde	Salzwasser und Süßwasser	Wann kam das Wasser auf unseren Planeten?	9
Zustandsformen des Wassers	Wasser kann sich verwandeln	Fest, flüssig, gasförmig	Die Aggregat-zustände	13
Eigenschaften des Wassers	Die Wasseroberfläche	Die Oberflächen-spannung des Wassers	Versuche zur Oberflächenspannung	17
Pflanzen brauchen Wasser	Wie „trinken" Pflanzen?	Ein Baum erzählt	Was brauchen Pflanzen?	20
Der Wasser-kreislauf	Der Kreislauf des Wassers	Der Wasserkreislauf – eine endlose Reise	Das Grundwasser	23
Wasser-versorgung	Unser Trinkwasser	Trinkwasser-versorgung	Wasserspeicher	26
Natürliche Wasserreinigung	Wo sammelt sich das Grundwasser?	Wie kann man Wasser reinigen?	Wie wird aus Regenwasser Grundwasser?	29
Wasser-aufbereitung	Was geschieht in der Kläranlage?	In der Kläranlage	Das Abwasser	32
Wasser ist kostbar	Was kann man tun, um Wasser zu schützen?	Wozu wir Wasser benutzen	Schützt die Meere	35
Wasser ist kostbar	Unser Wasser-verbrauch	Wie viel Wasser verbrauchen wir?	Wie viel Regenwasser ist in der Wassertonne?	38

Themenheft Wasser

Übersicht über die zusätzlichen Angebote (1)

Zusatzthemen	Lernangebote	Seite
Eigenschaften des Wassers	Die Auftriebskraft des Wassers	41
Floß bauen	Wir bauen ein Floß	42
Eigenschaften des Wassers	Wasser hat Kraft	43
Eigenschaften des Wassers	Auch Dampf hat Kraft	44
Eigenschaften des Wassers	Wenn Wasser warm wird …	45
Vom Wasser gehen Gefahren aus	Domino: Wasser kann gefährlich sein	46
Wassernot	Trinkwasser ist kostbar	49
Wasser speichern	Talsperren	50
Wasserqualität	Die Güteklassen für fließendes Gewässer	51
Wasserqualität	Ein Gewässer kann „umkippen"	53
Lebensraum Wasser	Wassertiere	55
Lebensraum Wasser	Fische	56
Textiles Gestalten	Ein Fisch aus Filz	58
Lebensraum Wasser	Über die Ozeane und Meere	59
Lebensraum Wasser	Wasser- und Sumpfpflanzen	61
Destilliertes Wasser und seine Herstellung	Aqua destillata	62
Gedichte schreiben	Ein Wasser-Rondell	63
Sprichwörter und ihre Bedeutung	Redensarten rund um das Wasser	64
Wortfeldarbeit	Wasserwörter-Rätsel	65
Wortfeldarbeit	Wörter erraten und erklären	66
Rechtschreibung und Wortarten	Wortsilben und Wortarten	67

Themenheft

Wasser

Übersicht über die zusätzlichen Angebote (2)

Zusatzthemen	Lernangebote	Seite
Eine Geschichte als Hörspiel gestalten	Hörspiel: Flip macht einen Ausflug	68
Kreativer Umgang mit klassischer Musik	Händels Wassermusik	69
Kreativer Umgang mit Märchen	Das Wasser des Lebens	70
Wasser in der Bibel	Wasser in der Bibel	71
Wasser als Symbol	Wasser als Symbol	72
Deckfarbenzeichnung	Überschwemmung am See	73
Üben und Festigen des Gelernten	Wasser-Spiel	74
Leistungsüberprüfung	Was hast du behalten?	77

Vorschläge für die Gruppenarbeit

Wasser ist in der Regel allen Kindern bekannt. Zum Einstieg in das Thema bieten sich zum Beispiel die folgenden Möglichkeiten an:

- Erstellen einer Mindmap zum Thema an der Tafel
- Bilder von Flüssen, Seen, Regen oder Meeren an die Wand projizieren („stummer Impuls")
- Ratespiel: Was ist das? Ein Wasser-Bild wird auf Folie kopiert und komplett verdeckt. Durch „Ja"- und „Nein"-Fragen versuchen die Kinder zu erraten, welches Thema in der folgenden Unterrichtseinheit behandelt wird. Nach und nach wird das Bild aufgedeckt.
- Die Kinder werden in Kleingruppen eingeteilt. Jeder Gruppe wird eine DIN-A3-Seite mit der Abbildung von Wasser ausgehändigt. Die Kinder malen oder notieren auf den Blättern ihre Gedanken zum Thema. Anschließend stellen sie diese in der Klasse vor.
- Eckengespräch: Die Klasse wird in vier Gruppen (pro Gruppe maximal sechs Kinder) aufgeteilt. In jeder Ecke des Klassenraums werden ein großes Plakat (DIN A1 oder DIN A2), zwei dicke Stifte sowie eine jeweils andere Frage zum Thema „Wasser" bereitgelegt. Mögliche Fragen sind zum Beispiel: Wie sieht Wasser aus? Wo gibt es überall Wasser? Wozu braucht man Wasser? Wer braucht alles Wasser?
Die Kinder einer jeden Gruppe sollen darüber miteinander ins Gespräch kommen und ihre Ergebnisse auf dem Plakat festhalten. Nach etwa fünf Minuten wechseln die Gruppen jeweils die Ecken. Das Eckengespräch ist beendet, wenn jede Gruppe einmal in jeder Ecke war.

Name: _____   Datum: _____

Wasservorkommen auf der Erde

Ein großer Teil des Planeten Erde ist mit Wasser bedeckt. Wir finden es in Ozeanen, Flüssen, Seen und Bächen. Es gibt Salzwasser und Süßwasser. Unser Trinkwasser ist Süßwasser. Wasser ist für das Leben der Pflanzen, Tiere und Menschen sehr wichtig.

Im Notfall könnten wir zwei oder höchstens drei Tage ohne Wasser auskommen. Danach würden wir verdursten. Die Pflanzen würden ohne Wasser vertrocknen. Auf der Erde gäbe es ohne Luft und ohne Wasser kein Leben. Es gäbe keine Pflanzen und Tiere. Es existierten keine Menschen. Auch das Wetter und das Klima gäbe es nicht. Ohne Wasser könnten keine Bäume und Blumen wachsen, es gäbe keine Felder, Wiesen und Gärten. Die Meere, Flüsse und Seen wären ausgetrocknet.

Wasser ist eines der wichtigsten Dinge, die wir brauchen. Deshalb sollten wir sorgfältig und überlegt damit umgehen.

Aufgaben:

1. 👁 Schaue dir eine Weltkarte oder einen Globus an. Was meinst du? Gibt es mehr Landflächen oder mehr Wasserflächen?
2. ✏ Wie heißen die großen Ozeane und Meere?
3. Finde heraus, ob die großen Ozeane Salz- oder Süßwasser enthalten.
   👁 Schaue nach in Sachbüchern, Lexika oder im Internet:
   www.wasser.de, www.greenpeace.de
   ✏ Schreibe alle Ergebnisse in dein Heft.

Name: _____   Datum: _____

Salzwasser und Süßwasser

Der größte Teil der Wasservorkommen auf der Erde ist Salzwasser. Die Wassermassen der Ozeane bedecken ungefähr drei Viertel der Erdoberfläche. Jeder Liter Wasser aus dem Ozean enthält ungefähr 35 Gramm Salz.

Süßwasser gibt es auf der Erde sehr viel weniger. Wir finden es in Eisbergen, Gletschern, Flüssen, Seen und im Grundwasser.

Warum trinken wir wohl Süßwasser und kein Salzwasser?

V **Führe folgenden Versuch durch:**
E **Du brauchst:** eine Glaskanne (Fassungsvermögen 1 Liter),
R zwei Gläser, Kochsalz, Trinkwasser,
S einen Esslöffel, einige Teelöffel
U
C ○ Fülle die Kanne halb mit Leitungswasser.
H
   ○ Gib zwei gestrichene Esslöffel Salz hinein. Rühre so lange, bis sich das Salz aufgelöst hat.

   ○ Schütte vorsichtig etwas Salzwasser in ein Glas. Tauche einen Löffel in das Wasser und lecke ihn ab. (**Achtung:** Nur wenig Salzwasser probieren!) Wie schmeckt das Wasser?

   ○ Fülle nun das andere Glas mit Leitungswasser und probiere.

Aufgaben:

1. Wie schmeckt es? Welches Wasser ist zum Trinken geeignet?
   ✎ Begründe deine Antwort.
2. Was ist der Nachteil vom Salzwasser?
   ✎ Schreibe deine Vermutung auf.

Name: _____ Datum: _____

Wann kam das Wasser auf unseren Planeten? (1)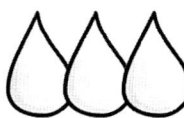

Die Wissenschaftler glauben, dass sich vor vier Milliarden Jahren riesige Wassermengen auf der Erde bildeten. Dies geschah, nachdem sich in der Atmosphäre Kohlenstoff und Wasserstoff zu Methan verbunden hatten und aus Stickstoff und Wasserstoff Ammoniak entstanden war. Aus Wasserstoff und Sauerstoff entstand das Wasser. Die Wissenschaftler sind sich nicht einig, ob das Wasser als sintflutartige Wolkenbrüche oder zuerst als große Eisblöcke auf die damals noch heiße Erdoberfläche fiel. Die Erdoberfläche kühlte im Verlauf der nächsten Millionen Jahre ab. Das Wasser sammelte sich in den Tälern. Auf diese Art und Weise entstand das Urmeer.

Das Wasser enthielt damals schon Salze. Es spülte sie aus den Gesteinen der Erdkruste. Die Ozeane bedecken heute fast drei Viertel der Erdoberfläche. Ihr Wasser ist salzig. Über dem Weltmeer verdunstet in einem Jahr eine Wasserschicht von über einem Meter Dicke. Das Salz bleibt zurück. Deshalb enthält jeder Liter Ozeanwasser ungefähr 35 Gramm Salz. Drei Viertel unseres Süßwasservorkommens finden wir im Eis der Antarktis. Daneben gibt es Süßwasser noch in Flüssen, Seen, Bächen und im Grundwasser. Es gibt sehr viel weniger Süßwasser als Salzwasser.

Nur durch das Wasser konnten sich Pflanzen und Tiere auf der Erde entwickeln. Die Wissenschaftler vermuten, dass die ersten Lebewesen entstanden, nachdem sich das Wasser gebildet hatte. Zuerst gab es nur winzige Einzeller, zum Beispiel Blaualgen und Urbakterien. Größere Meeresalgen und Meerestiere gab es erst vor 570 Millionen Jahren, zum Beispiel Mehrzeller, Armfüßler, Trilobiten und Korallen. Vor ungefähr 410 Millionen Jahren gab es bereits 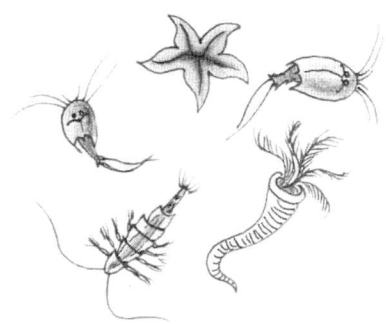 Panzerfische, Seeskorpione, Seesterne und die ersten Seelilien. Nach und nach entstanden immer neue Pflanzen und Tiere. Sie alle lebten im Wasser.
Vor ungefähr 355 Millionen Jahren gab es die ersten Landpflanzen. Siegelbäume wuchsen. Farnpflanzen entwickelten sich und bildeten Wälder. Die ersten Wirbeltiere verließen den Lebensraum Wasser und gingen an Land. Im Verlauf der nächsten Millionen Jahre entwickelten sich verschiedene Tierarten, die ausschließlich an Land lebten. Trotzdem waren sie (und sind es noch heute) auf das Wasser angewiesen. Auch Pflanzen und Menschen brauchen Wasser, um leben zu können.

Aufgaben:

1. 👓 Lies den Text.
2. ✏ Unterstreiche wichtige Informationen im Text.
3. ✏ Löse das Rätsel auf Arbeitsblatt 2.

Name: _____ Datum: _____

Wann kam das Wasser auf unseren Planeten? (2)

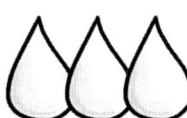

1. Was enthielten selbst schon die frühen Wassermassen?
2. Wo finden wir drei Viertel des Süßwassers?
3. In welcher Form finden wir drei Viertel des Süßwassers?
4. Wo lebten die ersten Lebewesen?
5. Wer ging vor ungefähr 355 Millionen Jahren an Land?
6. Was waren die ersten Lebewesen?
7. Wo gibt es auch noch Süßwasser?
8. Wie nennt man eine der großen Wasserflächen, die ungefähr drei Viertel der Erde bedecken?
9. Was konnte sich erst durch das Wasser auf der Erde entwickeln?

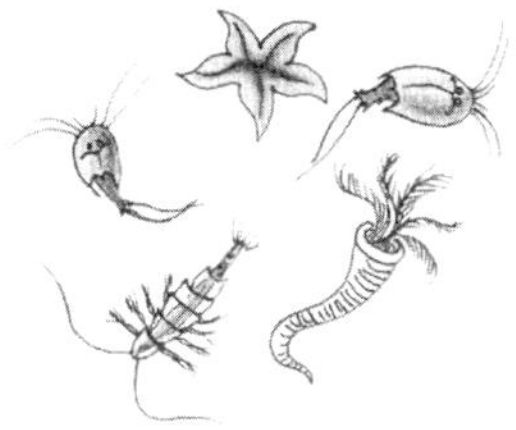

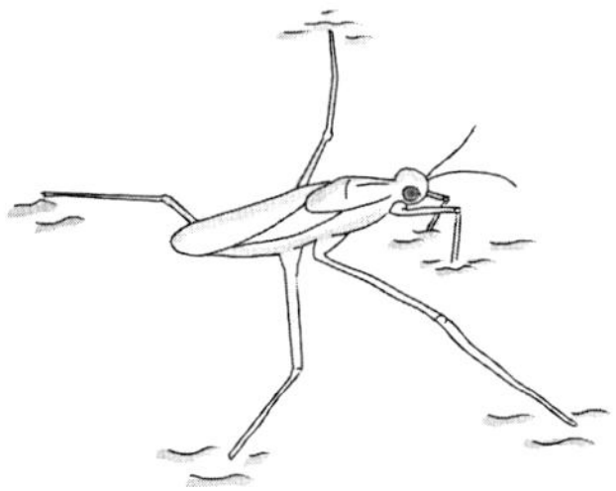

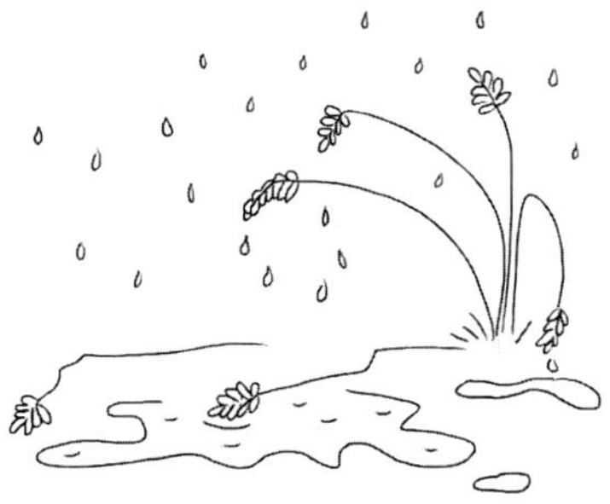

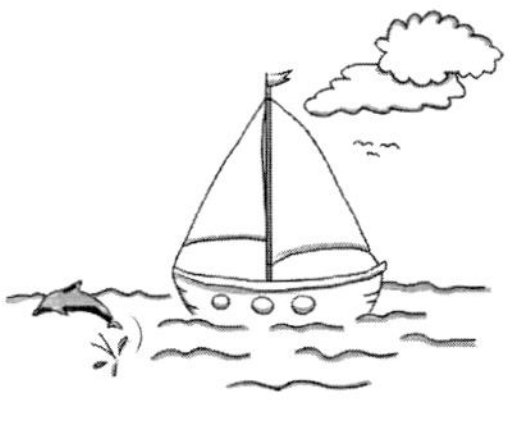

Name: _____ Datum: _____

Wasser kann sich verwandeln

Bei Zimmertemperatur ist das Wasser flüssig. Dies bleibt auch so, selbst wenn es etwas wärmer oder kälter wird. Bei einer Temperatur von 0 °C oder bei Temperaturen unter 0 °C gefriert das Wasser. Es wird zu Eis; es wird fest. Bei 0 °C liegt der Gefrierpunkt und der Schmelzpunkt.

Wenn die Temperaturen auf 0 °C ansteigen, schmelzen Schnee und Eis. Wenn man Wasser auf 100 °C erhitzt, verdampft es. Es wird gasförmig. Bei 100 °C liegt der Siedepunkt des Wassers.

Es gibt verschiedene Zustandsformen des Wassers:
Eis, Dampf, Schnee, Eiszapfen, Tropfen, Eiswürfel, Regen, Tau, Nebel, Wolken, Hagel, Reif

V
E **Führe folgenden Versuch durch:**
R **Du brauchst:** ein Glas Wasser und einen abwaschbaren Folienstift
S ◊ Stelle ein Glas Wasser auf die Fensterbank in die Sonne.
U ◊ Markiere auf dem Glas den Wasserstand.
C ◊ Schaue jeden Tag nach und markiere die neuen Wasserstände.
H

Aufgaben:

1. Ordne die oben genannten Zustandsformen des Wassers zu:

fest	flüssig	gasförmig

   ✎ Zeichne die Tabelle in dein Heft und führe sie fort.
2. Wasser kann aber auch bei Temperaturen unter dem Siedepunkt zu Wasserdampf werden. Es verdunstet.
   👁 Das kannst du leicht beim oben aufgeführten Versuch beobachten.
3. Überlege, wo Wasser verdunstet.
   ✎ Schreibe einige Beispiele in dein Heft.

Name: _____ Datum: _____

Fest, flüssig, gasförmig

1. Es ist Sommer. Tom hat Durst. Er holt sich in der Küche ein Glas und gibt zwei Eiswürfel hinein. Dann nimmt er die Flasche Mineralwasser vom Tisch und gießt das Wasser in sein Glas. Erst trinkt er etwas davon, um seinen Durst zu löschen. Dann beobachtet er die Eiswürfel, die in dem Mineralwasser schwimmen.
Was geschieht? ➡ Schreibe deine Vermutungen auf. Erkläre, warum dies geschieht.

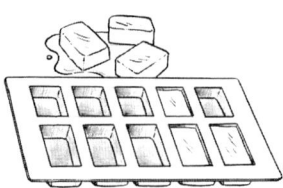

2. Toms Mutter hat Wäsche gewaschen. Sie hängt die Wäsche im Garten auf die Wäscheleine. Tom überlegt: Warum trocknet die Wäsche draußen eigentlich?
Kannst du es ihm erklären? ➡ Schreibe deine Erklärung auf.

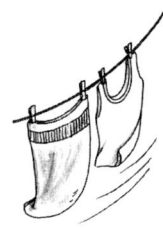

3. Am Abend duscht Tom. Am liebsten duscht er sich mit warmem Wasser. Nach einiger Zeit beobachtet er, wie sich Wassertropfen auf den Kacheln an den Wänden bilden und hinunterlaufen. Wie kommen sie dort hin?
Erkläre, was geschehen ist. ➡ Schreibe es auf.

4. Jetzt will Tom dem Wasser genau auf die Spur kommen. Deshalb macht er ein Experiment: Er schüttet Wasser in einen Topf und stellt diesen auf den Herd.
Zuerst schaltet er den Herd nur leicht ein. Später schaltet er den Herd auf die stärkste Stufe. Er beobachtet, was passiert.
Weißt du es auch? ➡ Schreibe es auf.

Aufgabe:

👓 Lies die Texte und ➡ löse die Aufgaben.
Diese Wörter können dir beim Erklären helfen:

**Wasserdampf – erhitzen – abkühlen – tauen – kühlen – erwärmen –
verdunsten – verdampfen – schmelzen – fest – flüssig – gasförmig –
kochen – kondensieren – wärmer – kühler**

14

Name: _____ Datum: _____

Die Aggregatzustände (1)

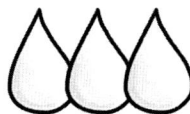

Wasser kann fest, flüssig oder gasförmig sein. Diese Erscheinungsformen nennt man Aggregatzustände. Wenn das Wasser seinen Aggregatzustand ändert, dann ändert sich nicht das Wasser an sich. Es ändert sich nur seine Zustandsform.

In flüssiger Form fließt das Wasser in Flüssen und aus der Wasserleitung. Du kennst es auch als Regen oder als Tau.

Das Wasser verwandelt sich sehr leicht. Süßwasser gefriert, wenn es eine Temperatur von 0 °C erreicht. Es wird fest. Wir sagen: Es wird zu Eis.
Salzwasser gefriert erst bei -1,9 °C. In fester Form kommt das Wasser in Gletschern in Form von Schnee, Eis, Hagel und Reif vor.
Beim Gefrieren ändert sich das Volumen des Wassers. Das Volumen wird größer. Wenn man 1 Liter Wasser gefriert, werden aus diesem 1 Liter 1,1 Liter Eis. Die Wassermoleküle dehnen sich aus, wenn sie gefrieren. Wenn man eine Flasche ganz mit Wasser füllt, sie verschließt und ins Gefrierfach legt, platzt sie. In der Natur kann Wasser, das gefriert, sogar Gestein auseinanderbrechen.

Bei Temperaturen von 100 °C verdampft das Wasser. Es wird gasförmig. Man sagt auch: Bei 100 °C liegt der Siedepunkt des Wassers.

Wenn Wasserdampf abkühlt, geht das Wasser von seinem gasförmigen Zustand wieder in den flüssigen Zustand über. Wenn Wasser in einem Kochtopf kocht, strömt Wasserdampf aus dem Topf. Wenn der Wasserdampf abkühlt, bilden sich wieder Wassertröpfchen. Dies nennt man kondensieren.

Aber auch bei Temperaturen unter dem Siedepunkt kann Wasser vom flüssigen in den gasförmigen Zustand übergehen. Dies geschieht, wenn Wasser verdunstet. Dann nimmt die Luft das Wasser auf.
Das Wasser kann unterschiedlich schnell verdunsten. Wenn das Wasser warm ist, verdunstet es schneller. Durch den Wind wird die Luft, die schon viel Wasserdampf aufgenommen hat, weggetrieben. Andere Luft strömt nach. Wasser verdunstet daher am schnellsten, wenn es warm ist und ein Wind weht.
Als Gas oder Wasserdampf kommt Wasser in Nebel, Dampf und Wolken vor.

Aufgaben:
1. 👓 Lies den Text gründlich.
2. ✏️ Löse nun das Rätsel auf Arbeitsblatt 2.

Name: _____ Datum: _____

Die Aggregatzustände (2)

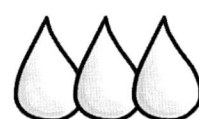

✎ Kreuze die richtigen Aussagen an. Du erhältst ein Lösungswort.
Achtung: Manchmal sind mehrere Aussagen richtig.

1. Das Wasser kann seinen Aggregatzustand ändern. — W __
   Das Wasser hat nur einen Aggregatzustand. — S __
   Das Wasser kann flüssig, fest oder gasförmig sein. — A __

2. Süßwasser gefriert bei 4 °C. — E __
   Süßwasser gefriert bei 0 °C. — S __
   Auch Salzwasser gefriert bei 0 °C. — T __

3. Das Volumen von Wasser ist größer als das Volumen von Eis. — R __
   Das Volumen von Wasser ist genauso groß wie das Volumen von Eis. — D __
   Das Volumen von Wasser ist kleiner als das Volumen von Eis. — S __

4. Bei 100 °C verdampft Wasser. — E __
   Bei 100 °C wird Wasser gasförmig. — R __
   Bei 100 °C wird Wasser fest. — T __

5. Wenn Wasserdampf abkühlt, bleibt der Aggregatzustand gleich. — A __
   Wenn Wasserdampf abkühlt, gefriert das Wasser. — M __
   Wenn Wasserdampf abkühlt, ändert sich der Aggregatzustand. — D __

6. Wasser kann nur gasförmig werden, wenn es den Siedepunkt erreicht. — P __
   Wasser kann auch durch Verdunsten gasförmig werden. — A __
   Wenn Wasser verdunstet, ändert es seinen Aggregatzustand. — M __

7. Kaltes Wasser verdunstet schneller als warmes Wasser. — S __
   Warmes Wasser verdunstet schneller als kaltes Wasser. — P __
   Wasser verdunstet immer gleich schnell. — L __

8. Luft kann kein Wasser aufnehmen. — T __
   Der Wind kann Luft, die Wasser aufgenommen hat, nicht wegtreiben. — N __
   Wasser kommt als Gas oder Wasserdampf in Nebel, Dampf und Wolken vor. — F __

Lösungswort: ___ ___ ___ ___ ___ ___ ___ ___ ___ ___

Name: _____ Datum: _____

Die Wasseroberfläche

Führe folgende Versuche durch:
Du brauchst: Wasser, eine kleine Schüssel, drei Büroklammern, eine Gabel, ein kleines Stück Küchenpapier, Vaseline

1. Versuch:

◊ Fülle die Schüssel mit Wasser.

◊ Lege die Büroklammer auf das Wasser.

◊ Was geschieht?

V
E
R
2. Versuch:
S
U ◊ Lege die zweite Büroklammer auf das Stück Küchenpapier.
C ◊ Lege beides auf die Gabel.
H ◊ Lasse die Gabel mit dem Küchenpapier und der Büroklammer vorsichtig ins Wasser.

◊ Beobachte, was in den nächsten Minuten geschieht.

3. Versuch:

◊ Fette nun die dritte Büroklammer mit Vaseline gut ein.

◊ Lege sie nun vorsichtig auf das Wasser.

◊ Was geschieht?

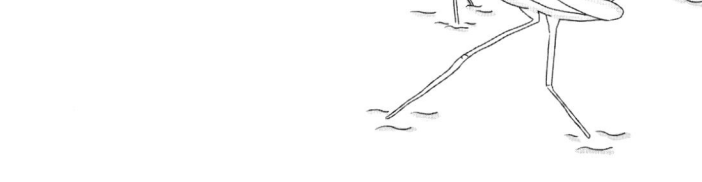

Aufgaben:

1. ✏ Schreibe zu allen Versuchen deine Beobachtungen auf.
2. 👁 Schaue dir nun noch einmal alle Versuchsergebnisse an.
   ✏ Begründe sie.

Name: _____ Datum: _____

Die Oberflächenspannung des Wassers

Oft scheint es so, als hätte Wasser eine unsichtbare Haut. Büroklammern, Nähnadeln und andere Dinge können auf dem Wasser schwimmen. Der Wasserläufer kann auf dem Wasser gehen. Woran liegt das? Jeder Tropfen Wasser besteht aus Millionen winziger Teilchen. Man nennt sie Moleküle. Jedes Molekül besteht aus noch kleineren Atomen. Jedes Atom hat einen Durchmesser von ungefähr einem Hundertmillionstel eines Zentimeters. Es ist also sehr, sehr klein. Man kann es mit dem bloßen Auge nicht sehen. Im Wasser gibt es Wasserstoffatome und Sauerstoffatome. Ein Wassermolekül hat zwei Atome Wasserstoff und ein Atom Sauerstoff. Das kann man kurz durch die chemische Formel für Wasser ausdrücken: H_2O. Das H steht für Hydrogenium (Wasserstoff). Das O steht für Oxygenium (Sauerstoff).

Die Wassermoleküle ziehen sich gegenseitig an. Die Moleküle, die mitten in der Flüssigkeit sind, werden von allen Seiten her gleichmäßig angezogen. Bei den Wassermolekülen, die an der Wasseroberfläche liegen, ist das anders. Denn von oben gibt es keine Moleküle, die sie anziehen könnten. Sie werden also nur von den benachbarten Molekülen und den unter ihnen liegenden Molekülen angezogen. Sie werden nach innen gezogen. Von den äußeren Wassermolekülen geht also ein Druck auf die inneren Moleküle aus. Diesen Druck nennt man Oberflächenspannung.

Durch diese Oberflächenspannung entsteht sozusagen eine elastische Haut.
Auf dieser „Haut" schwimmen Büroklammern, wenn man sie zum Beispiel zuvor eingefettet hat.

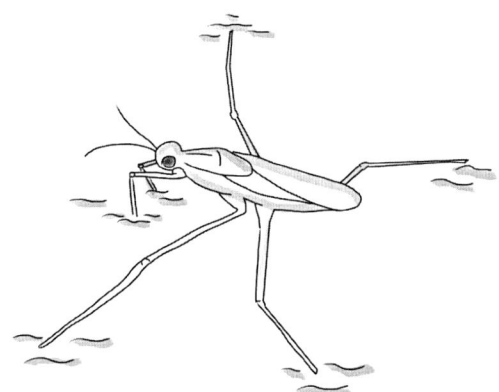

Aufgaben:

Beantworte folgende Fragen. ✏ Schreibe die Antworten in dein Heft.

1. Woraus besteht Wasser?
2. Wie heißt die chemische Formel für Wasser?
3. Erkläre, was man unter der Oberflächenspannung von Wasser versteht.

Name: _____ Datum: _____

Versuche zur Oberflächenspannung

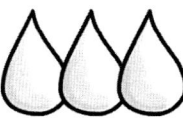

Wenn man Wasser genau ansieht, scheint es so, als hätte es eine unsichtbare Haut. Einige Gegenstände können auf dem Wasser schwimmen, ohne unterzugehen. Das hat einen Grund: Das Wasser besteht aus vielen Millionen winziger Teilchen. Diese nennt man Moleküle. Die Moleküle ziehen sich gegenseitig an. Die äußeren Wassermoleküle werden nach innen gezogen und drücken auf die inneren Moleküle. Dies nennt man Oberflächenspannung. Die Oberflächenspannung des Wassers kann geschwächt werden: zum Beispiel durch Wärme. In warmem Wasser bewegen sich die Wassermoleküle stärker als in kaltem Wasser. Die gegenseitige Anziehungskraft wird geschwächt.

Die Oberflächenspannung kann aber auch auf andere Art und Weise geschwächt werden. Wie, erfährst du durch den folgenden Versuch.

V **Führe folgenden Versuch durch:**
E **Du brauchst:** eine Schüssel, Wasser, fein gesiebtes Mehl,
R flüssige Seife oder Spülmittel
S
U ◊ Fülle die Schüssel mit Wasser und bestäube die
      Wasseroberfläche vorsichtig mit Mehl.
C ◊ Drücke mit dem Zeigefinger Löcher in die Mehlschicht.
H ◊ Beobachte, was geschieht.
      ◊ Streiche etwas flüssige Seife auf deinen Zeigefinger. Drücke nun wieder
      Löcher in die Wasseroberfläche.

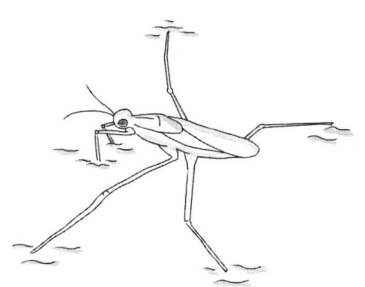

Aufgaben:

1. Was geschieht jetzt? ↔ Versuche, es zu erklären.
2. ✎ Schreibe deine Beobachtungen und Vermutungen auf.
   Was bedeutet das für den Alltag (Wäsche waschen, spülen ...)?

Name: _____ Datum: _____

Wie „trinken" Pflanzen?

Auch Pflanzen brauchen Wasser. Durch das Wasser können die Nährstoffe aus dem Erdboden zu den Zellen gelangen.

Mit Hilfe des folgenden Experimentes kannst du feststellen, was die Pflanzen mit dem Wasser machen.

VERSUCH

Führe folgenden Versuch durch:
Du brauchst: Wasser, ein Glas, Tinte oder Lebensmittelfarbe, eine frische Stange Sellerie mit Blättern, einen Löffel, ein Messer, ein Brettchen

○ Fülle das Glas mit Wasser.

○ Tropfe nun etwas Lebensmittelfarbe oder Tinte ins Wasser. Rühre das Wasser mit dem Löffel so lange um, bis die Farbe gleichmäßig verteilt ist.

○ Schneide nun von der Selleriestange das untere Ende ab und stelle sie in das gefärbte Wasser. Sieh ab und zu nach, was passiert.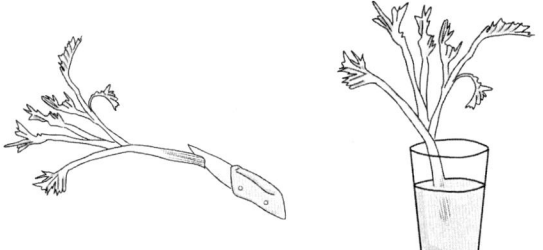

○ Warte einige Stunden.

○ Lege die Selleriestange auf das Brettchen und schneide mit dem Messer vorsichtig dünne Scheiben ab. Was siehst du? Was ist geschehen?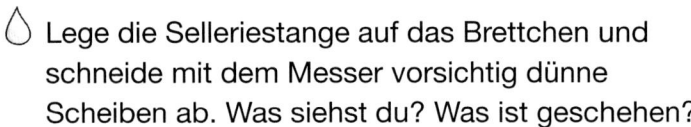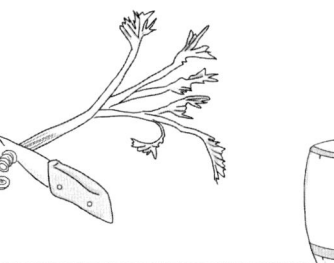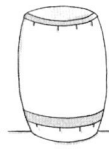

Aufgabe:

✎ Schreibe deine Beobachtungen und Vermutungen auf.

Name: _____ Datum: _____

Ein Baum erzählt

Hallo, ich bin ein großer Baum. Genau wie du brauche ich Wasser zum _____.

Hätte ich kein Wasser, würde ich _____. Das Wasser bekomme ich

über meine _____. Sie sind im _____ verankert.

Sie geben mir nicht nur Standfestigkeit, sondern sie versorgen mich auch mit Wasser und

gelösten _____.

In meinen Wurzeln gibt es winzige _____, die

bis zu den Blättern reichen. Man nennt sie Leitbündel. Sie führen von den Wurzelspitzen

über den _____ in die Äste und in die _____.

Durch diese Leitbündel werde ich mit Wasser und Zuckersaft versorgt.

Meine Blätter verdunsten das Wasser über ihre Spaltöffnungen an der

_____. Diese Verdunstung nennt

man auch Transpiration. Durch diesen _____

entsteht ein Sog, der das _____ von den Wurzeln

durch den Stamm und die Äste hochzieht. Auf diese Weise kann ich

an einem heißen _____ bis zu 50 Eimer

Wasser trinken.

Aufgaben:

1. Findest du die fehlenden Wörter? ✏️ Setze sie ein:

   Wurzeln – Leben – Stamm – Nährsalzen – verdorren – Blätter – Sommertag – Boden – Transportröhren – Wasserverlust – Blattoberfläche – Wasser

2. ✏️ Schreibe den Text vollständig in dein Heft.
3. ✏️ Zeichne eine Skizze von dem Baum. Zeichne mit Pfeilen ein, wie der Baum das Wasser aufnimmt und transportiert.

Name: _____ Datum: _____

Was brauchen Pflanzen?

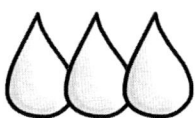

Alle Pflanzen brauchen Wasser zum Leben. Mit dem Wasser nehmen sie Nährstoffe aus dem Erdboden auf. Durch winzige Transportröhren, die man Leitstränge nennt, wird das Wasser bis zur Pflanzenspitze transportiert.

Führe folgenden Versuch durch:
Du brauchst: zwei Selleriestangen mit Blättern, zwei Gläser, Zucker, einen Teelöffel, einen farbigen Klebepunkt, ein Messer, einen (abwaschbaren) Folienstift

V E R S U C H

◊ Fülle jedes Glas halbvoll mit Wasser.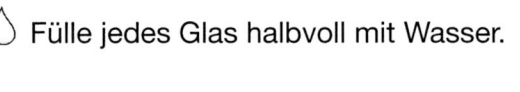

◊ Gib in eines der beiden Gläser vier Teelöffel Zucker. Markiere dieses Glas mit dem Klebepunkt.

◊ Schneide nun von beiden Selleriestangen das untere Ende ab.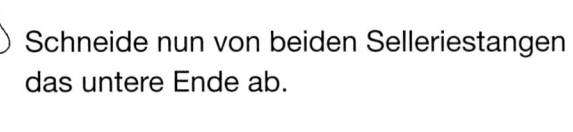

◊ Stelle in jedes Glas eine Selleriestange. Markiere den Wasserstand mit dem Stift.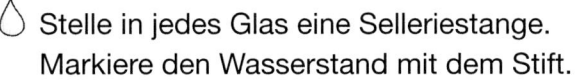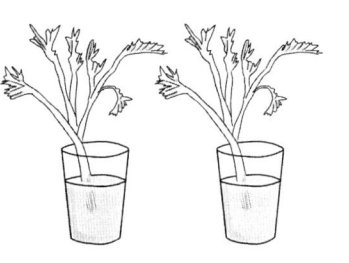

◊ Warte zwei Tage. Markiere den Wasserstand. Hat er sich verändert?

Aufgaben:

1. 👄 Erkläre, was geschehen ist. ✏️ Schreibe deine Erklärung in dein Heft.
2. Probiere die Blätter von beiden Selleriestangen. Wie schmecken sie? Was fällt dir auf?
3. Finde heraus, welche Nährstoffe Pflanzen aus dem Boden benötigen.
   👁️ Schaue in Sachbüchern oder im Internet nach unter:
   www.wasistwas.de

Name: _____   Datum: _____

Der Kreislauf des Wassers

Die Sonnenstrahlen _____ die oberste Schicht des Wassers.

Das Wasser _____ . Auch über den Wäldern, Wiesen und Feldern verdunstet Wasser.

Beim Aufsteigen _____ sich die Dampftröpfchen immer mehr ab.

Sie werden wieder zu Wassertröpfchen und verdichten sich zu _____ .

Wenn die _____ weiter abkühlen, fließen sie ineinander und werden schwerer. Schließlich fallen sie als _____ auf die Erde hinunter. Viele versickern im _____ . Ein Teil des Wassers wird von den Pflanzen durch die _____ sofort wieder aufgenommen oder gelangt direkt in Bäche und Flüsse.

Im Erdboden gelangen die Wassertropfen schließlich auf eine wasserundurchlässige Erdschicht. Dort bildet sich das _____ . An einer _____ kommt das Wasser wieder ans Tageslicht. Es fließt zuerst als Bach, dann als Fluss zurück zum _____ . Die Reise beginnt von vorn.

Aufgaben:

1. ✏️ Setze die fehlenden Wörter ein:

   Wassertröpfchen – erwärmen – Wolken – Erdboden – Meer – verdunstet – kühlen – Regen – Grundwasser – Wurzeln – Quelle

2. ✏️ Schreibe den Text vollständig in dein Heft.

Name: _____ Datum: _____

Der Wasserkreislauf – eine endlose Reise

Die Sonnenstrahlen erwärmen die oberste Schicht des Wassers. Dadurch lösen sich einzelne Tropfen aus der Wassermenge. Sie steigen als winzige, unsichtbare Dampftröpfchen nach oben. Das Wasser verdunstet. Gleichzeitig verdunstet auch über den Wäldern, Wiesen und Feldern Wasser.

Die warme Luft und die Dampftröpfchen kühlen sich beim Aufsteigen immer mehr ab. Die Dampftröpfchen werden wieder zu Wassertröpfchen. Diese verdichten sich zu Wolken.

Der Wind weht die Wolken über das Land. Wenn die Wassertröpfchen weiter abkühlen, fließen sie ineinander und werden schwerer. Schließlich fallen sie als Regen auf die Erde hinunter.

Wenn es regnet, nehmen die Wassertropfen den Schmutz aus der Luft, von den Häusern und Straßen mit auf die Erde. Viele Wassertropfen versickern im Erdboden. Ein Teil des Wassers wird von den Pflanzen und Bäumen sofort wieder aufgenommen. Einige Wassertropfen gelangen auch direkt in Bäche und Flüsse. Im Erdboden sickern die Wassertröpfchen durch Stein- und Sandschichten. Dabei lassen sie den zuvor mitgenommenen Schmutz zurück. Sie gelangen schließlich auf eine wasserundurchlässige Erdschicht.

Dort sammeln sich alle Wassertropfen. Sie bilden gemeinsam das Grundwasser. Das Grundwasser fließt so lange unterirdisch weiter, bis es an eine Quelle gelangt. Dort kommt es wieder ans Tageslicht.

Aus dem Quellwasser wird ein kleiner Bach. Viele Bäche bilden einen Fluss. Die vielen Wassertropfen fließen weiter. Bald wird aus dem Fluss ein breiter Strom.

Mit dem Strom gelangen die Wassertropfen ins Meer. Die Sonne erwärmt die Wasseroberfläche und viele Wassertropfen verdunsten über dem Meer. Sie steigen als Wasserdampf wieder auf. Das Salz bleibt im Meer zurück.
Viele Tropfen sind auch bereits auf dem Weg von der Quelle zum Meer verdunstet.
Die Reise beginnt von vorne.

Aufgaben:

1. 👄 Erzähle die Geschichte des Wasserkreislaufes aus der Sicht eines Wassertropfens. ✏️ Schreibe sie in dein Heft.
2. ✏️ Zeichne ein Bild, auf dem der Wasserkreislauf dargestellt ist.

Name: _____ Datum: _____

Das Grundwasser

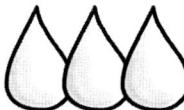

Das Grundwasser staut sich über einer wasserundurchlässigen Schicht. Im Winterhalbjahr versickern bei uns mehr Niederschläge ins Grundwasser als im Sommer, weil die Pflanzen und Bäume im Winter weniger Wasser aufnehmen.
Wenn das Grundwasser an der Erdoberfläche austritt, nennt man dies eine Quelle.

Ob es in einer Gegend viel oder wenig Grundwasser gibt, hängt von der Menge der Niederschläge ab. Aber auch die Beschaffenheit der Erdoberfläche und die Bepflanzung haben Einfluss auf das Grundwasser, da sie mitbestimmen, wie viel Niederschlag im Erdboden versickern kann. Wenn immer mehr Häuser und Straßen gebaut und große Flächen asphaltiert werden, kann immer weniger Regen direkt in den Boden sickern.

Das Grundwasser hat normalerweise die Eigenschaften, die auch Trinkwasser haben sollte: Es ist frei von Krankheitserregern und keimarm. Das Wasser ist farblos und klar. Es ist kühl und geruchlos.
Die zunehmende Verschmutzung wirkt sich aber auch auf das Grundwasser aus. Besonders Nitrat ist ein Problem. Es gelangt durch das Düngen der Äcker in den Boden. Wenn der Boden überdüngt wird, können die oberen Bodenschichten das Nitrat nicht mehr vollständig festhalten. Das Nitrat kann in das Grundwasser gelangen. Die Wasserqualität ist dann nicht mehr so gut wie sie ursprünglich war.

Aber das Grundwasser ist auch anderen Verschmutzungen ausgesetzt: Wenn Menschen Abfälle vergraben oder wassergefährdende Stoffe, wie zum Beispiel Chemikalien, verwenden, hat dies auch Auswirkungen auf die Qualität des Grundwassers. Auch undichte Abwasserleitungen verschmutzen das Grundwasser.

Aufgaben:

Beantworte folgende Fragen.
 Schreibe deine Erklärungen und Vermutungen ins Heft.
1. Wodurch wird die Wassermenge, die sich als Grundwasser bilden kann, beeinflusst?
2. Welche Eigenschaften sollte Grundwasser eigentlich haben?
3. Wodurch wird die Qualität des Grundwassers gemindert?
4. Forsche nach: Auch der Bergbau, der Tagebau und Flussregulierungen haben Auswirkungen auf das Grundwasser. Finde heraus, welchen Einfluss der Bergbau und der Tagebau haben. Was kann durch Flussregulierungen geschehen? Schaue in Sachbüchern und im Internet nach.
(www.umweltbundesamt.de, www.greenpeace.de, www.umweltlexikon.de)

Name: _____ Datum: _____

Unser Trinkwasser

Früher versorgte sich jede Familie selbst mit Wasser. Man schöpfte es aus einem Brunnen oder aus offenen Gewässern. Heute bekommen wir das Wasser aus der Wasserleitung. Aber wie kommt es dahin?

Quellwasser und Oberflächenwasser werden als Trinkwasser genutzt. Das Wasser wird mit einer Unterwasserpumpe nach oben gepumpt und in das Wasserwerk geleitet. Dort wird das Wasser aufbereitet. Das bedeutet, dass das Wasser gemäß der Trinkwasserverordnung von Schmutz gereinigt wird. Sauerstoff wird hinzugegeben und das Wasser wird gefiltert.

Vom Wasserwerk gelangt das Trinkwasser in das Leitungsnetz. Da unser Wasserverbrauch über den Tag sehr unregelmäßig ist, gibt es Hochbehälter, in denen Trinkwasser gespeichert wird. Das Wasser fließt vom Wasserwerk durch ein Steigrohr in den Hochbehälter. Wenn viel Trinkwasser gebraucht wird, zum Beispiel morgens oder mittags, gelangt das Wasser von solchen Hochbehältern aus durch die Fallleitung in das Leitungsnetz. Von dort kommt das Wasser in die Wasserleitung ins Haus.

Aufgaben:

Beantworte die Fragen. ✏️ Schreibe die Antworten in dein Heft.
1. Was geschieht im Wasserwerk?
2. Wozu gibt es Hochbehälter?
3. Überlege, warum wir über den Tag verteilt unregelmäßig Wasser brauchen.
4. Finde heraus, wo das nächste Wasserwerk ist.
5. Forsche nach, wo euer Trinkwasser herkommt (z. B. aus einer Trinkwassertalsperre, einer Quelle, aus einem Fluss ...).

Name: _____ Datum: _____

Trinkwasserversorgung

Aufgaben:

1. Was geschieht mit dem Wasser?
   ➡ Nummeriere die Sätze in der richtigen Reihenfolge.
2. ✂ Schneide die Sätze aus.
3. Lege sie richtig hintereinander.
4. 🖍 Klebe sie der Reihe nach in dein Heft.

Im Wasserwerk wird das Wasser aufbereitet. ☐

Das Wasser gelangt in das Leitungsnetz oder durch ein Steigrohr in einen Hochbehälter. ☐

Wenn viel Wasser gebraucht wird, fließt das Wasser durch das Fallrohr ins Leitungsnetz. ☐

Das Quellwasser wird mit einer Unterwasserpumpe nach oben gepumpt. ☐

Das Wasser wird mit Sauerstoff angereichert. ☐

Vom Leitungsnetz fließt das Wasser ins Haus. ☐

Im Hochbehälter wird das Trinkwasser gespeichert. ☐

Das Wasser gelangt in das Wasserwerk. ☐

Das Wasser wird gefiltert. ☐

Name: _____ Datum: _____

Wasserspeicher

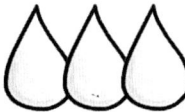

Es gibt Hochbehälter für Trinkwasser. In diesen Behältern wird Wasser gespeichert, damit immer genug Wasser vorrätig ist. Die Wasserwerke pumpen das Trinkwasser durch ein Steigrohr in den Wasserspeicher.

Die Wasserspeicher werden entweder auf einen Berg gebaut oder, wenn es in dem Gebiet keinen Berg gibt, werden sie als Wassertürme gebaut. Dies hat den Vorteil, dass keine zusätzlichen Pumpen benötigt werden, um das Trinkwasser in das Leitungsnetz und in die Häuser zu bringen.

Finde heraus, warum auf diese Weise keine zusätzlichen Pumpen gebraucht werden.

V **Führe dazu mit deinem Partner folgenden Versuch durch:**
E **Ihr braucht:** einen breiten Wasserschlauch (4 bis 5 cm Durchmesser, ungefähr
R   1,50 m lang), ein Litermaß, Wasser
S ○ Formt den Schlauch als U.
U ○ Gießt in das eine Ende des Schlauches vorsichtig Wasser hinein.
C ○ Wie hoch steigt das Wasser an der anderen U-Hälfte?
H ○ Bewegt jetzt ein Ende des Schlauches hoch und runter und verändert die
       U-Form. Beobachtet dabei den Wasserstand auf der anderen U-Seite.
       ○ Was fällt euch auf?

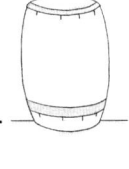

Aufgabe:

Überlege: Bis zu welcher Höhe muss der Wasserspeicher mit Wasser gefüllt sein, damit in allen Stockwerken des Hochhauses Wasser aus allen Leitungen kommt?
✏ Zeichne den Wasserstand durch eine Linie ein.

Name: _____ Datum: _____

Wo sammelt sich das Grundwasser?

Der Erdboden besteht aus verschiedenen Schichten: aus Erde, Sand und Geröll, Kies und Lehm. Das Regenwasser sickert durch einige Schichten. Diese nennt man wasserdurchlässig. Auf einer wasserundurchlässigen Schicht sammelt sich das Wasser. Dieses Wasser nennt man Grundwasser.

V E R S U C H

Führe dazu folgenden Versuch durch:
Du brauchst: ein Einmachglas, einen Plastikblumentopf mit mehreren kleinen Löchern im Boden (Der Topf muss auf das Einmachglas passen.), ein Gefäß mit Wasser, Erde, Sand, Kies, Lehm und eine Schüssel

1. Schritt:
- Stelle den Blumentopf auf das Einmachglas.
- Fülle zuerst die Erde hinein.
- Gieße etwas Wasser auf die Erde.

2. Schritt:
- Schütte die Erde in die Schüssel.
- Fülle nun den Sand in den Topf.
- Gieße etwas Wasser auf den Sand.

3. Schritt:
- Schütte nun den Sand in die Schüssel.
- Fülle den Kies in den Topf.
- Gieße etwas Wasser auf den Kies.

4. Schritt:
- Schütte den Kies auch in die Schüssel.
- Fülle den Lehm in den Topf.
- Gieße etwas Wasser auf den Lehm.

Aufgabe:

Finde heraus, welche Bodenschichten wasserdurchlässig sind.
Auf welcher Schicht bildet sich das Grundwasser?
✎ Schreibe deine Beobachtungen auf.

Name: _____ Datum: _____

Wie kann man Wasser reinigen?

Das Regenwasser versickert im Boden. Zuvor nimmt es den Schmutz in der Luft, auf den Häusern und Straßen mit.
Es sickert durch die wasserdurchlässigen Bodenschichten. Dabei bleibt der Schmutz zurück. Das Grundwasser ist dann so rein, dass Pflanzen und Tiere es zum Leben nutzen können.

V E R S U C H

Führe folgende Versuche durch:
Du brauchst: ein Einmachglas, einen Plastikblumentopf mit mehreren **kleinen** Löchern im Boden (Der Blumentopf muss auf das Einmachglas passen.), ein Gefäß mit Wasser, eine Schüssel, einen Löffel, ein Sieb, Erde, Sand, Kies, Papierschnipsel, Speiseöl und Tinte

○ Schütte nach jedem Versuch das Wasser aus dem Einmachglas in die eine und den Inhalt des Blumentopfes in die andere Schüssel.

○ Mische das Wasser mit etwas Erde, Sand, Papierschnipseln, Speiseöl und Tinte. Rühre alles mit dem Löffel um.

1. ○ Halte das Sieb über das Einmachglas.
   Schütte etwas von deinem Schmutzwasser hinein.

2. ○ Stelle nun den Blumentopf auf das Einmachglas und fülle ihn mit Erde.
   Schütte etwas Schmutzwasser auf die Erde.

3. ○ Fülle den Blumentopf nun mit Sand.
   Schütte wieder etwas Schmutzwasser in den Topf.

4. ○ Nun fülle etwas Kies in den Blumentopf.
   Schütte etwas Schmutzwasser auf den Kies.

5. ○ Für den letzten Versuch brauchst du den Blumentopf nicht mehr.
   Schütte nun das restliche Schmutzwasser in das Einmachglas.

○ Warte einen Tag. Was ist geschehen?

Aufgaben:

1. Finde heraus, wie man Wasser reinigen kann.
2. ✏ Schreibe nach jedem Versuch deine Beobachtungen auf.
3. ✏ Welche Verschmutzungen sind jetzt nicht mehr im Wasser?
4. ✏ Welche Verschmutzungen kannst du immer noch im Wasser erkennen?

Name: _____ Datum: _____

Wie wird aus Regenwasser Grundwasser?

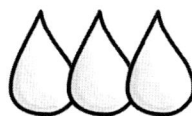

Wenn das verschmutzte Regenwasser durch die Erdschichten sickert, lässt es den Schmutz zurück.

V E R S U C H

Führe folgenden Versuch durch:
Du brauchst: ein Einmachglas, einen Blumentopf mit einem Loch im Boden (Der Topf muss auf das Einmachglas passen.), einen großen Stein oder Watte, Erde, Sand, Kies, ein Gefäß mit Wasser, Papierschnipsel, Speiseöl, Tinte, kleine Äste oder Gras, kleine Steinchen und einen Löffel

○ Stelle den Blumentopf auf das Einmachglas. Lege zuerst den großen Stein oder die Watte über das Loch. Jetzt fülle den Topf in folgender Reihenfolge: zuerst den Kies, dann den Sand und zuletzt die Erde.
Achtung: Der Topf darf nicht ganz gefüllt sein, sonst läuft später das Wasser zu leicht über!

○ Mische das Wasser mit etwas Erde, den Papierschnipseln, Speiseöl, Tinte, kleinen Ästen oder Gras und den kleinen Steinchen.
Rühre alles mit dem Löffel um.

○ Schütte nun vorsichtig dein Schmutzwasser in den Blumentopf.
Beobachte, was geschieht. Schreibe es auf.

Aufgaben:

1. Stelle ein einfaches Modell des Erdbodens (s. o.) her und beobachte, wie der Schmutz zurückbleibt.
2. ✎ Übertrage das natürliche Reinigungsmodell auf eine Kläranlage.
   • Welche Schmutzstoffe kann man einfach „herausfischen"?
   • Welche Stoffe setzen sich ab?
   • Welche Schmutzstoffe bekommt man auf diese Weise nicht so leicht aus dem Wasser?
   • Hast du eine Idee, wie man das Wasser auch von solchen Verschmutzungen reinigen kann?
   ✎ Schreibe deine Vermutungen und Ideen auf.
3. Finde heraus, wo die nächstgelegene Kläranlage ist.
   Für welche Orte ist sie zuständig?

Name: _____ Datum: _____

Was geschieht in der Kläranlage?

Aufgaben:

1. 👁 Schaue dir die Abbildung an. Sie zeigt dir, wie das Schmutzwasser nach und nach gereinigt wird.
2. ✂ Schneide das Bild und die Textkästen aus. Lege die Texte zu den richtigen Nummern. Ist alles richtig? Dann 🧴 klebe alles auf ein Blatt.

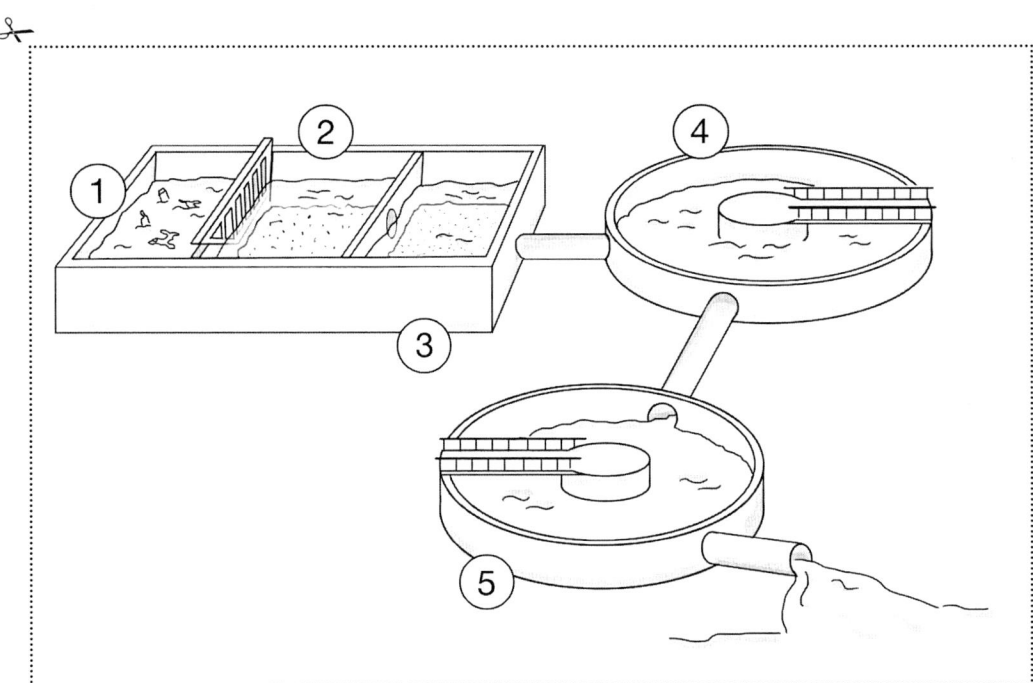

Als Zweites kommt das Wasser in den Sandfang. Dort setzen sich die schweren Schmutzteilchen am Boden ab.	Zuerst werden alle groben Stoffe mit einem Rechen aus dem Abwasser entfernt.	Der vierte Reinigungsschritt findet im Belebungsbecken statt. Dort verwandeln Bakterien den Schmutz zu Schlamm.
Im Anschluss an das Belebungsbecken kommt das Nachklärbecken. Dort setzt sich der gebildete Schlamm am Boden ab und wird abgesaugt.	Nach dem Sandfang kommt das Wasser in das Absetzbecken. Dort sinken die feinen Schmutzteilchen zu Boden oder sammeln sich an der Wasseroberfläche.	

Name: _____ Datum: _____

In der Kläranlage

In Klärwerken wird das verschmutzte Wasser gereinigt, bevor es wieder in den Wasserkreislauf gelangt.

In der Kläranlage werden zuerst grobe Stoffe aus dem Abwasser entfernt, zum Beispiel Papier, Holz, Äste. Dies geschieht mit einem **Rechen,** der den groben Schmutz zurückhält. Danach kommt das verschmutzte Wasser in den **Sandfang**. Dort setzen sich die schweren Schmutzteilchen ab, wie zum Beispiel Kies und Sand. Da sie schwerer als Wasser sind, sinken sie zu Boden. Gleichzeitig sammeln sich **Fette und Mineralöle** an der Wasseroberfläche und werden abgeschöpft. Das nennt man **Fettfang.**

Das Wasser wird weitergeleitet zum **Absetzbecken.** Dieses Becken wird auch **Vorklärbecken** genannt. Dort bleibt es etwa zwei Stunden. Hier können die feinen Schmutzteilchen, die im Wasser schweben, zu Boden sinken. Dieser Rohschlamm wird mit Pumpen abgesaugt. Die Schmutzteilchen, die sich an der Wasseroberfläche sammeln (z. B. Fette oder Mineralöle), werden mit einem besonderen Behälter abgelassen und in einen **Faulturm** gepumpt.

Danach gelangt das Wasser in das **Belebungsbecken.** Winzig kleine Lebewesen, die **Mikroorganismen,** fressen die schädlichen Schmutzstoffe. Dafür brauchen sie sehr viel Sauerstoff. Daher wird das Schmutzwasser immerzu umgewälzt und mit Sauerstoff angereichert. Im Anschluss daran wird das Abwasser in ein **Nachklärbecken** geleitet. Dort setzt sich der Klärschlamm am Boden ab. Ein Teil dieses Klärschlammes wird wieder zurück in das Belebungsbecken geleitet, wo die Mikroorganismen wieder den Schmutz fressen. Reste kommen in den Faulturm.

Weil oft auch chemische Stoffe wie Phosphate im Abwasser sind, muss das Wasser häufig noch eine weitere Reinigungsstufe durchlaufen. Es gelangt dann in ein **Flockungsbecken.** Dort werden Chemikalien in das Wasser gegeben. Diese Chemikalien verbinden sich mit den Phosphaten. Schlamm entsteht. In einem Nachklärbecken sinkt der Schlamm ab. Der Schlamm aus dem Nachklärbecken gelangt in den Faulturm. Dort wird er bei 35° Celsius getrocknet. Dabei entsteht Faulgas, das zum Heizen genutzt werden kann.

Das gereinigte Wasser kann nun wieder in ein natürliches Gewässer, zum Beispiel in einen Fluss, eingeleitet werden.

Aufgaben:

Man unterscheidet in einer Kläranlage drei verschiedene Reinigungsstufen: die **mechanische Stufe,** die **biologische Stufe** und die **chemische Stufe.**
1. ➾ Beschreibe, welche Stationen in der Kläranlage das Wasser mechanisch reinigen. Wie wird das Schmutzwasser dort gereinigt?
2. ➾ In welcher Station wird das Wasser biologisch gereinigt? Was geschieht dort?
3. ➾ Wann findet die chemische Reinigung statt?

Name: _____ Datum: _____

Das Abwasser

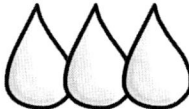

In den Kläranlagen wird das Wasser in zwei oder drei Reinigungsstufen gesäubert. Jedes Klärwerk arbeitet zuerst mit einer mechanischen Reinigungsstufe und danach mit einer biologischen Reinigungsstufe. Das Wasser wird zunächst von den groben, dann von den feinen Verschmutzungen gesäubert.

Anschließend helfen Bakterien, weiteren Schmutz zu beseitigen. Da die heutigen Abwässer auch immer mehr mit chemischen Stoffen belastet sind, muss das Wasser oft auch noch chemisch gereinigt werden.

Das Reinigen des Abwassers ist ein aufwändiger Prozess, da es mehrere Stufen durchlaufen muss. Außerdem kostet dies viel Geld. Auch der Bau einer modernen Kläranlage ist teuer. Größere Industriebetriebe besitzen meistens eigene Kläranlagen.

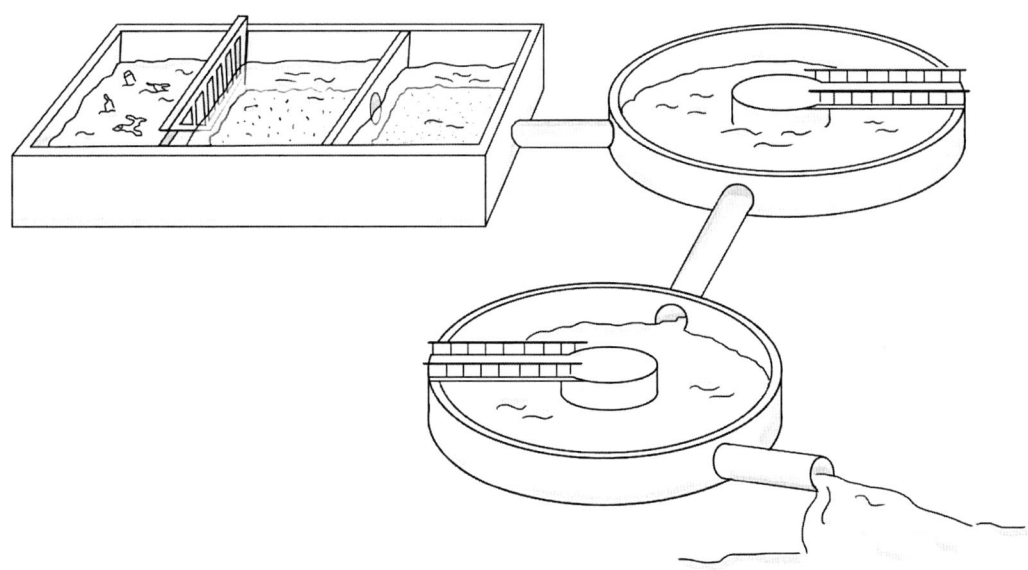

Aufgaben:

1. Überlege, welche Abfälle möglichst nicht in das Wasser gelangen sollen, damit die Reinigung des Abwassers nicht zusätzlich erschwert wird.
2. Beginne mit deinen Überlegungen bei dem, was man zu Hause beachten soll:
   - Was soll man nicht ins Waschbecken oder in die Toilette schütten?
   - Was sollte man sparsam verwenden?
   - Wo verwenden Menschen außerhalb des Hauses Mittel, die das Wasser belasten und die nur durch aufwändige Reinigungsprozesse wieder aus dem Wasser gelöst werden können?
3. ✏ Schreibe alle deine Ideen auf.

Name: _____   Datum: _____

Was kann man tun, um Wasser zu schützen?

Hier stehen einige wichtige Regeln, die du beachten solltest.
Leider fehlen einige Wörter. Wenn du die fehlenden Buchstaben ergänzt, kannst du die
Regeln verstehen. Die Wörter unten helfen dir dabei!

- Wirf keine A _ _ _ _ _ _ in die Kanalisation!
- Gehe sparsam mit W _ _ _ _ _ _ _ _ _ _ um!
- Verwende kein Waschmittel mit P _ _ _ _ _ _ _ _ !
- Verwende nur so viel P _ _ _ _ _ _ _ _ und R _ _ _ _ _ _ _ _ _ _ _ _ wie nötig!
- Gehe sparsam mit B _ _ _ _ _ _ _ _ _ _ um!
- Gib Ch _ _ _ _ _ _ _ _ _ bei Sammelstellen ab, wirf sie nicht in die Kanalisation!
- Wirf keine alten M _ _ _ _ _ _ _ _ _ in die Toilette!
- Verwende nur H _ _ _ _ _ _ _ _ _ _ _ _ _ , die wenig Wasser verbrauchen!
- Bewässere den Garten mit R _ _ _ _ _ _ _ _ _ statt mit Trinkwasser!
- Gehe sparsam mit D _ _ _ _ _ _ _ _ _ _ um!
- Verwende keine U _ !
- Verwende im Winter kein St _ _ _ _ _ _ _ !
- Schütte kein gebrauchtes Ö _ ins Abwasser! Ein Liter Öl kann eine Million Liter Wasser ungenießbar machen!

Aufgabe:

✏ Schreibe die Regeln in dein Heft.

Phosphaten – Abfälle – Putzmittel – Chemikalien – Regenwasser – Waschmitteln – Reinigungsmittel – Medikamente – Haushaltsgeräte – Streusalz – Düngemitteln – Öl – Unkrautvernichtungsmittel – Badezusätzen

Name: _____ Datum: _____

Wozu wir Wasser benutzen

Das Wasser wird von den Menschen und der Natur für viele verschiedene Zwecke genutzt:

- als Trinkwasser
- als Produktionsmittel in der Landwirtschaft und in der Industrie
- zum Bewässern der Felder und als Trinkwasser für die Tiere
- für die Herstellung von industriellen Produkten
- als Kühlmittel in Wärmekraftwerken und in der Industrie
- als Energiequelle, zum Beispiel zum Betreiben der Turbinen in Kraftwerken
- als Transportweg: Schiffe transportieren Güter auf Flüssen in die einzelnen Häfen
- zur Erholung und zum Wassersport
- als Heilmittel, zum Beispiel in Thermalbädern und Kuren
- als Lebensraum für viele Pflanzen und Tiere

Aufgaben:

1. Das Wasser mit Trinkwasserqualität nutzen wir nicht nur zum Trinken. Überlege, wozu wir das Wasser sonst auch noch verwenden, und schreibe deine Ideen auf.
2. Schaue dir an, wozu wir Wasser benutzen. Einige Punkte widersprechen sich. Sie sind nicht ohne weiteres miteinander vereinbar. Welche Punkte sind es?
3. Überlege: Welcher Punkt ist der wichtigste für alle Lebewesen? Was bedeutet das für unseren Umgang mit dem Wasser?
4. Sammle Bilder zum Thema Wasser. Klebe eine Collage daraus. Falls möglich, unterteile die Collage in zwei Bereiche:
   a. wo Wasser unbedingt nötig ist und sinnvoll genutzt wird,
   b. wo Wasser verschmutzt und Trinkwasser unnötig verbraucht wird.

Name: _____ Datum: _____

Schützt die Meere

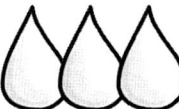

Nicht nur das Grundwasser und unsere Binnengewässer müssen vor Verschmutzungen geschützt werden. Wir müssen auch die Meere vor weiteren Verschmutzungen schützen, um sie als Lebensraum zu erhalten.

Die Nordsee ist zum Beispiel sehr wichtig für uns: An ihren Stränden finden wir Erholung. Wir essen die Fische, die in der Nordsee leben. Aus den Tiefen holen wir Bodenschätze wie Gas und Öl. Beides nutzen wir zur Energiegewinnung. Im Jahre 2015 wurden ca. 160 Millionen Tonnen Öl und ungefähr 100 Milliarden Kubikmeter Gas aus der Nordsee gefördert. Leider gelangt bei der Suche nach Öl, dessen Förderung und seinem Transport immer wieder Öl ins Meer.
Man schätzt, dass im Jahre 2013 ungefähr 4 000 Tonnen Öl in die Nordsee gelangten.

Wir nutzen die Nordsee auch als Transportweg. Dabei kommt es immer wieder zu Tankerunglücken, durch die Öl ins Meer gelangt. Allerdings beträgt der Ölanteil, der jährlich durch Tankerunglücke ins Meer gelangt, nur 13 Prozent.

Auch durch den normalen Schiffsverkehr, die kommunalen Abwässer und die natürlichen Quellen fließt Öl ins Meer.
Darüber hinaus werden jedes Jahr ungefähr 1 800 Tonnen Chemikalien in die Nordsee eingeleitet.
Zwischenzeitlich sind zwischen 5 000 und 8 000 Quadratkilometer Nordseeboden verschmutzt. Diese Fläche ist ungefähr zweimal so groß wie das Saarland.

Aufgaben:

Beantworte die folgenden Fragen. Schreibe deine Antworten ins Heft.
1. Warum ist die Nordsee wichtig für uns?
2. Wodurch wird sie verschmutzt?
3. Überlege, ob es alternative Methoden gibt, um Energie zu gewinnen. Schaue in Lexika, Sachbüchern und im Internet nach (z. B. unter *www.greenpeace.de, www.umweltbundesamt.de*).
4. Überlege: Wie sähe die Zukunft der Nordsee aus, wenn niemand Rücksicht auf den Lebensraum Nordsee nehmen würde?
Was würde dies für die Pflanzen, Tiere und Menschen bedeuten?

Name: _____ Datum: _____

Unser Wasserverbrauch

Im Jahre 2015 verbrauchte jeder Mensch in Deutschland pro Tag diese Mengen an Trinkwasser:	
Baden, Duschen, Körperpflege	44 Liter
Toilette	33 Liter
Wäsche waschen	15 Liter
Spülen	7 Liter
Putzen, Autopflege, Garten	7 Liter
Essen und trinken	5 Liter
Hinzu kommt der Anteil, den das Kleingewerbe (Bäckereien, Friseure, Geschäfte usw.) verbraucht.	
Im Jahre 2015 lag der durchschnittliche tägliche Wasserverbrauch bei 122 Litern pro Einwohner.	

Aufgaben:

Rechne aus:
1. Ein Wohngebiet hat 350 Einwohner. Rechne aus, wie viel Trinkwasser sie durchschnittlich an einem Tag verbrauchen.
2. Rechne aus, wie viel Wasser man in diesem Wohngebiet durchschnittlich in einem Monat verbraucht.
3. Wie viel Trinkwasser verbrauchen die Einwohner in den Monaten Juni bis August?
4. Wie viel Trinkwasser verbrauchen sie in den Monaten Januar bis März?
5. Wie viel Trinkwasser verbrauchen sie in einem Jahr?
6. An das Wohngebiet wird ein Neubaugebiet angeschlossen. In diesem Neubaugebiet werden 230 Einwohner leben. Wie viel Trinkwasser wird jetzt von allen Einwohnern zusammen täglich verbraucht?
7. 100 Einwohner wollen Wasser sparen. Sie benutzen von nun an Regenwasser statt Trinkwasser, um die Toilette zu spülen. Wie viel Liter Trinkwasser können sie täglich sparen?

Rückseite Bildkarten (1)

Farbige Bildkarten (1)

Farbige Bildkarten (2)

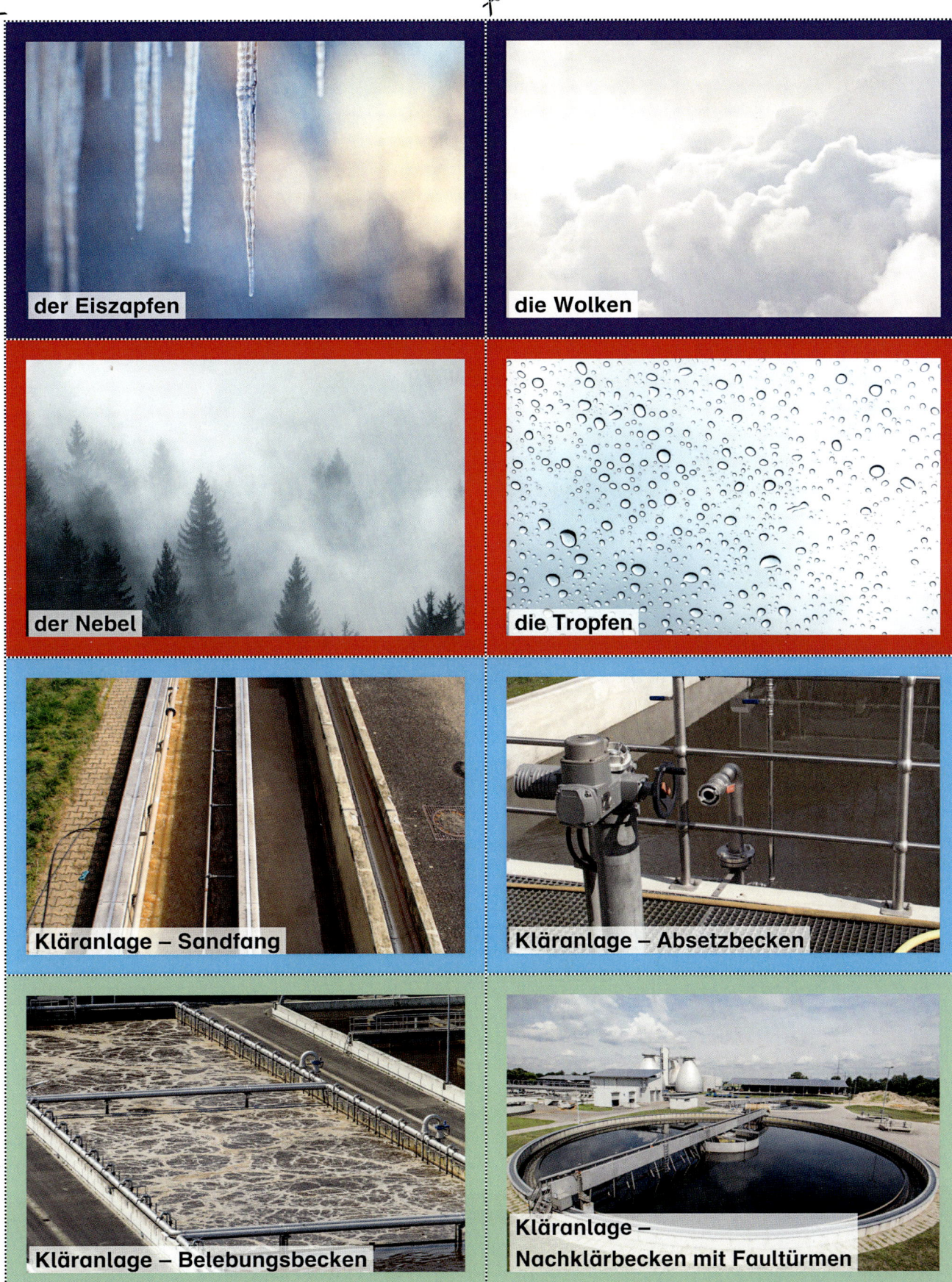

Rückseite Bildkarten (2)

Name: _____ Datum: _____

Wie viel Wasser verbrauchen wir?

Wir verbrauchen nicht immer gleich viel Wasser. Dies kannst du in der Liste sehen. Sie zeigt, wie viel Liter Wasser jeder Mensch in Deutschland durchschnittlich pro Tag verbraucht hat:

Jahr	Wasserverbrauch pro Einwohner täglich
1990	145 Liter
1991	139 Liter
1992	136 Liter
1993	136 Liter
1994	134 Liter
1995	132 Liter
1996	128 Liter
1997	130 Liter
1998	130 Liter
2000	128 Liter
2005	127 Liter
2012	122 Liter
2016	123 Liter
2018	127 Liter
2020	129 Liter

Aufgaben:

1. ✎ Zeichne ein Säulendiagramm auf Millimeterpapier (1 cm = 10 Liter):

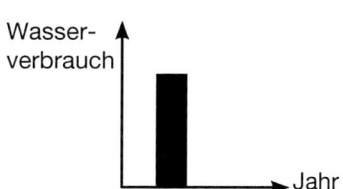

2. ✎ Trage die oben angegebenen Werte als Säulen in das Diagramm ein.
3. Erkläre, was du an deinem Säulendiagramm ablesen kannst.
    ✎ Schreibe es auf. Was kann das bedeuten?
4. 1950 lag der durchschnittliche Wasserverbrauch pro Einwohner im Durchschnitt täglich bei ungefähr 85 Litern, 1963 lag er bei 97 Litern, 1975 bei 123 Litern und 1983 bei 147 Litern.
    Hast du eine Erklärung für diese Entwicklung? ✎ Schreibe sie auf.
5. Vergleiche diese Werte mit den Werten aus den letzten Jahren.
    Was ist geschehen? Was könnten die Ursachen dafür sein?
    ✎ Schreibe deine Vermutung auf.

Name: _____ Datum: _____

Wie viel Regenwasser ist in der Wassertonne?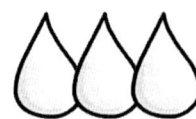

Herr Schmidt möchte eine Regenwassertonne kaufen. Er überlegt, wie groß die Tonne sein muss, damit er die gesamte Regenmenge, die auf sein Hausdach fällt, in diesen Behälter leiten kann.

1. Sein Dach hat eine Größe von 80 Quadratmetern.
   Im Durchschnitt fallen im Monat 15 Liter auf einen Quadratmeter.
   Wie groß muss die Regentonne sein?

2. Herr Schmidt rechnet noch eine Reserve von 800 Litern ein, falls es einmal stärker regnen sollte.
   Wie viel Liter passen in die Regentonne, die Herr Schmidt kauft?

3. Der Juni hat 10 heiße Tage. An heißen Tagen braucht Herr Schmidt 150 Liter Wasser, um seinen Garten zu bewässern.
   Am 1. Juni war seine Regenwassertonne ganz gefüllt.
   Wie viel Wasser hat er am 30. Juni noch in der Tonne, wenn man die monatliche Durchschnittsmenge an Regen berücksichtigt?

4. Der Juli hat 11 heiße Tage.
   Wie viel Wasser hat Herr Schmidt am 31. Juli noch in der Tonne?
   Berücksichtige wieder die durchschnittliche Regenmenge.

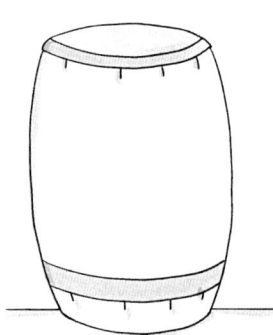

Aufgabe:

Löse die Rechenaufgaben. ✏️ Schreibe in dein Heft.

Name: _____ Datum: _____

Die Auftriebskraft des Wassers

Im 3. Jahrhundert vor Christus machte Archimedes eine große Entdeckung: Er entdeckte den Auftrieb des Wassers.

Archimedes fiel auf, dass alle Dinge im Wasser scheinbar leichter wurden. Er fand heraus, dass dies durch den Schweredruck des Wassers geschah. Dieser Schweredruck entsteht durch die Gewichtskraft des Wassers. Wenn ein Gegenstand in das Wasser eintaucht, wirkt der Schweredruck mit einer bestimmten Kraft von unten gegen den Gegenstand. Diese Kraft bezeichnete Archimedes als Auftrieb.

Die Auftriebskraft ist immer so groß wie die Gewichtskraft der Flüssigkeit, die der Gegenstand verdrängt. Wenn also die Gewichtskraft eines Gegenstandes kleiner als die Auftriebskraft des Wassers ist, schwimmt der Gegenstand.

Ein großes Schiff aus Metall kann schwimmen, weil sein Volumen sehr groß ist. Denn es hat neben der Schiffshülle viele Hohlräume. Dadurch ist aber auch die durchschnittliche Dichte des gesamten Schiffes wesentlich kleiner als die des Wassers.

Auch ein Unterwasserboot nutzt die Auftriebskraft des Wassers zum Schwimmen: Wenn es sinkt, wird Meereswasser in dafür vorgesehene Hohlräume eingefüllt. Das Wasser drückt die Luft aus den Kammern und das Boot wird schwerer. Es sinkt. Wenn das Unterwasserboot aufsteigen soll, wird Luft in die Kammern gefüllt. Das Wasser wird herausgedrückt. Das Boot wird leichter und steigt auf.

VERSUCH

Führe folgenden Versuch durch:
Du brauchst: eine Wanne, Wasser, verschiedene Gegenstände und Materialien: Papier, Pappe, Holz, Metall, Stein, Kork, Styropor®, Alufolie, Plastik, Eiswürfel usw.

○ Fülle die Wanne mit Wasser.

○ Teste die verschiedenen Gegenstände und Materialien.

○ Mache dir Notizen.

Aufgaben:

1. Finde heraus, welche Materialien auf dem Wasser schwimmen.
   👁 Schaue genau hin, einige liegen tiefer im Wasser. Sie treiben.
2. Welche Materialien sinken?
   ✎ Schreibe deine Beobachtungen in eine Tabelle oder dein Heft.

Name: _____ Datum: _____

Wir bauen ein Floß

Ein Floß schwimmt auf dem Wasser. Es trägt Menschen von einer Uferseite auf die andere.

---BAUANLEITUNG---

Baue ein einfaches Floß:
Du brauchst: viele dünne Äste (0,5 cm bis 1 cm Durchmesser), dünne Kordel, evtl. eine Baumschere

Falls die Äste sehr lang sind, bitte einen Erwachsenen, die Äste auf ca. 15 cm Länge zu schneiden.
Oder: Lasse dir von ihm zeigen, wie man mit einer Baumschere umgeht.

○ Schneide dir drei sehr lange Kordelstücke (mindestens 80 cm lang) zurecht.

○ Lege den ersten Ast auf die Mitte jedes Kordelstückes.

○ Knote alle drei Kordelstücke mit einem einfachen Knoten um den Ast: an beiden Astenden und um die Astmitte.

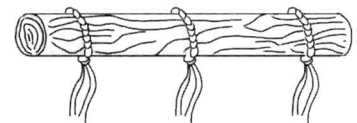

○ Lege den zweiten Ast an den ersten Ast. Binde ihn mit weiteren Knoten daran fest.

○ Nimm nun den dritten Ast und lege ihn an den zweiten Ast. Binde ihn daran fest.

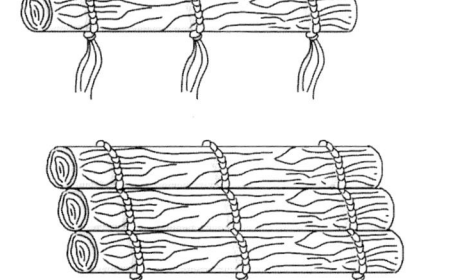

○ Mache so weiter, bis alle Äste verbraucht sind.

○ Wenn dein Floß fertig ist, schneide eventuelle Kordelreste ab.

○ Lasse dein Floß schwimmen!

Name: _____   Datum: _____

Wasser hat Kraft

Strömendes Wasser hat Kraft. Dies kannst du erkennen, wenn du einen Wasserfall oder ein Wasserrad beobachtest. Die ersten Wasserräder, die es gab, verwendete man, um Felder zu bewässern. Mit Wassermühlen wurden Mühlsteine bewegt, die man brauchte, um Getreide zu mahlen.

Heute sind die meisten Wasserräder komplizierte Maschinen, mit denen Elektrizität gewonnen wird. An großen Flüssen oder in Staudämmen werden Turbinen mit Wasserkraft angetrieben. Das Wasser ist neben dem Wind eine der stärksten Energiequellen.

--- BAUANLEITUNG ---

Baue dir ein einfaches Wasserrad:
Du brauchst: einen großen Joghurtbecher oder sechs dünne Plastikscheiben (Länge ca. 5 cm, Breite 2,5 bis 3,5 cm), eine dicke Nadel oder einen Fleischspieß aus Metall, einen Schaschlikspieß, den Korken einer Weinflasche, ein Messer

💧 Durchbohre den Korken in der Mitte mit einer dicken Nadel oder mit einem Fleischspieß aus Metall. Schiebe den Schaschlikspieß in das Loch.

💧 Ritze sechs Längsrillen in den Korken.

💧 Schneide gegebenenfalls aus dem Joghurtbecher sechs Plastikscheiben und stecke die Plastikscheiben in den Korken.

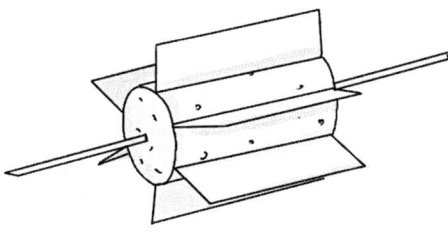

💧 Nun halte die Enden des Schaschlikspießes leicht mit beiden Händen fest.

💧 Halte dein Wasserrad unter fließendes Wasser.

Name: _____ Datum: _____

Auch Dampf hat Kraft

Wasserdampf nimmt mehr Platz ein als Wasser. Wenn man den Dampf unter Druck hält, hat er so große Kraft, dass man damit Maschinen antreiben kann.

Bereits in der zweiten Hälfte des 18. Jahrhunderts erfand James Watt eine Dampfmaschine, mit der Lokomotiven und Maschinen in Fabriken angetrieben werden konnten.

Es gibt auch natürliche Dampfquellen, die eine sehr hohe Energie haben. Man nennt sie Geysire. Dies sind heiße Quellen in vulkanischen Gebieten.

Geysire entstehen im Inneren unserer Erde und brechen als Wasserfontänen aus der Erdoberfläche hevor.
Sie können eine Höhe von einem Meter bis zu über 100 Metern erreichen. Der Ausbruch eines Geysirs kann nur Sekunden oder aber auch Stunden dauern. Geysire brechen in regelmäßigen oder unregelmäßigen Abständen aus. Bis zum nächsten Ausbruch können Minuten oder Jahre vergehen. Bei einem Ausbruch können wenige bis mehrere Hunderttausend Liter Wasser ausgestoßen werden.

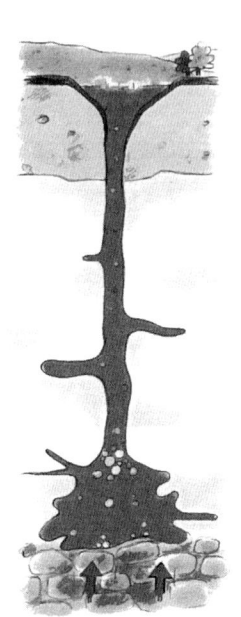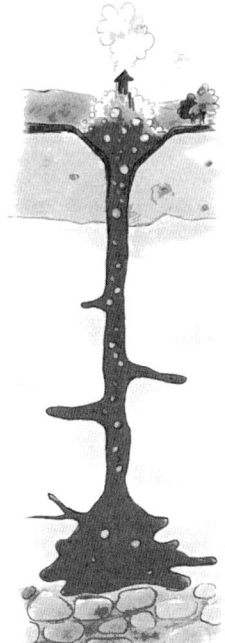

Aufgaben:

Forsche nach in Lexika, Sachbüchern oder im Internet.
✐ Schreibe deine Ergebnisse in dein Heft.
1. Wie entsteht ein Geysir?
2. In welchen Ländern der Erde gibt es Geysire?
3. ✐ Schreibe zu einem Geysir einen Steckbrief:
   - Wo tritt er auf?
   - In welchen Zeitabständen bricht er aus?
   - Wie viel Wasser stößt er aus?
   - Wie lange dauert ein Ausbruch?
   - Welche Höhe erreichen seine Wasserfontänen?
   - Wird seine Energie genutzt?
   - Wofür wird sie genutzt?

Name: _____ Datum: _____

Wenn Wasser warm wird ...

Wasser besteht aus vielen kleinen Teilchen. Diese nennt man Moleküle.
Finde heraus, welche Auswirkungen Wärme auf die Moleküle hat.

Führe folgenden Versuch durch:
Du brauchst: ein großes durchsichtiges Gefäß
(z. B. eine große Schüssel oder
ein Aquarium), warmes und kaltes
Wasser, ein kleines Glas mit
Schraubdeckel (z. B. ein Marmeladenglas
oder ein Glas, in dem vorher
Babynahrung war), Lebensmittelfarbe
oder Tinte

V E R S U C H

○ Fülle das große Gefäß mit kaltem Wasser.

○ Tropfe etwas Lebensmittelfarbe oder Tinte in das kleine Glas. Gib heißes Wasser hinzu. Verschließe das Glas mit dem Schraubdeckel. Schüttle das Glas, damit sich die Farbe im Wasser verteilt.

○ Stelle das kleine verschlossene Glas mitten in das mit kaltem Wasser gefüllte Gefäß. Entferne vorsichtig den Deckel.

○ Beobachte, was geschieht, und notiere deine Beobachtung.
Finde eine Erklärung für deine Beobachtung.

○ Schreibe sie auf.

45

Name: _____   Datum: _____

Domino: Wasser kann gefährlich sein (1)

START	Im Wasser können Menschen und Tiere ertrinken.
	Wasser kann Sand von den Stränden wegspülen, sodass die Landfläche einer Insel immer kleiner wird.
	Verunreinigtes Wasser kann Bakterien und Krankheiten übertragen.
	Wenn es zu viel regnet, kann die Ernte geringer ausfallen oder sogar ganz zerstört werden.
	Große Wassermassen können ganze Hänge wegspülen.

Name: _____ Datum: _____

Domino: Wasser kann gefährlich sein (2)

Glatteis kann viele Unfälle verursachen.

Hagel kann die Ernte schädigen und schwere Schäden an Gebäuden und Autos verursachen.

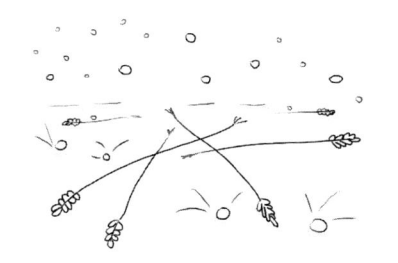

Auch Aquaplaning ist gefährlich. Die Autoreifen haben auf der Straße keinen Halt mehr. Der Fahrer verliert die Kontrolle über das Auto.

Bei Gewitter ist es im Wasser besonders gefährlich.

Heftige Regenfälle können Überschwemmungen und Unwetterkatastrophen verursachen.

Name: _____ Datum: _____

Domino: Wasser kann gefährlich sein (3)

✂

| Auch Lawinen sind gefährlich, weil sie alles unter sich begraben. |

| Flüsse können Landflächen überfluten und dadurch Gebäude und Ernten schwer beschädigen. |

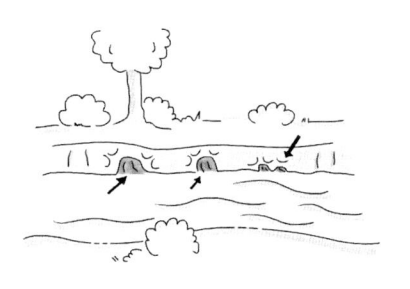

| Wasser kann das Flussbett an den Rändern aushöhlen. Auch das kann schwere Folgen haben. |

ENDE

Name: _____ Datum: _____

Trinkwasser ist kostbar

Die Natur hat einen geschlossenen Wasserkreislauf. Er wiederholt sich immer wieder: Wasser verdunstet und kommt in Form von Niederschlägen auf die Erde zurück. Es geht kein Wasser verloren, aber es kommt auch kein Wasser neu hinzu.

In vielen Gebieten auf der Welt, zum Beispiel in Afrika, regnet es nur sehr wenig. Der Boden ist dort so trocken, dass kaum etwas darauf wachsen kann. Die Felder sind verdorrt. Die Menschen und Tiere leiden Hunger. Sie haben auch Durst. Oft müssen sie weite Wege gehen, um Wasser zu finden. Sie sind froh, wenn sie genug Wasser zum Überleben haben. In einigen Gebieten wurden Brunnen und Staubecken gebaut, um den Menschen zu helfen und ihre Not zu lindern. Aber auch mit den Brunnen gibt es unter Umständen Probleme, da das Wasser leicht verunreinigt werden kann. Bakterien gelangen ins Wasser und die Menschen können krank werden.

Wir dagegen gehen oft verschwenderisch mit dem Wasser um. Wir machen uns kaum Gedanken darüber, dass Wasser kostbar ist. Das Wasser ist für uns selbstverständlich. Wir drehen einfach den Wasserhahn auf. Wir benutzen unser sauberes Trinkwasser auch für Dinge und Tätigkeiten, für die das Wasser nicht so sauber sein müsste.

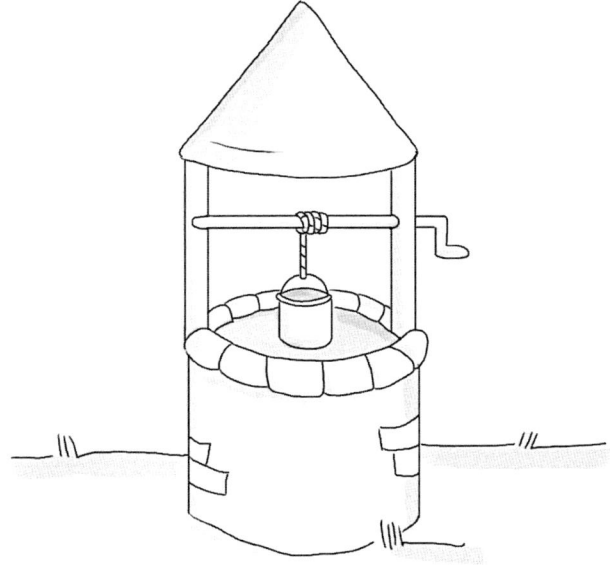

Aufgaben:

1. Informiere dich in Sachbüchern oder im Internet (z. B. *www.wasser.de*) über Gebiete, in denen das Wasser knapp ist.
   ✎ Wie leben die Menschen dort?
2. Überlege, wofür wir Menschen das Wasser brauchen.
   ✎ Schreibe alles auf, was dir einfällt.
3. 👁 Schaue dir deine Ergebnisse an. Überlege, wofür man eigentlich kein Trinkwasser verwenden müsste. ✎ Schreibe es auf.
4. ✎ Welche Möglichkeiten gibt es, Wasser zu „sparen"?

Name: _____ Datum: _____

Talsperren

Talsperren sind künstlich angelegte Stauseen. Sie sollen Wasser speichern und den Wasserstand der Flüsse regeln. Der Wasserstand einer Talsperre kann durch einen oder mehrere Abläufe beeinflusst werden.

Eine Talsperre kann aus verschiedenen Gründen angelegt werden: Energieerzeugung in Kraftwerken, Trinkwasserversorgung, Schutz gegen Hochwasser, Bewässerung in Trockengebieten.

Man kann sowohl Gebirgsbäche und Flüsse als auch Abläufe natürlicher Seen stauen. Für den Bau einer Talsperre ist es wichtig, dass die umliegenden Berge und der Untergrund des Tals wasserundurchlässig sind. Außerdem müssen sie dem Druck des Wassers standhalten. Beim Bau einer Talsperre wird zuerst der Fluss umgeleitet. Dann werden die Staumauern gebaut. Wenn der Bau fertig ist, wird der Fluss wieder in sein altes Bett geführt. Die Talsperre füllt sich nun langsam mit Wasser. Wälder, Felder oder Dörfer, die zuvor in dem Gebiet der neuen Talsperre lagen, werden überflutet.

Aufgaben:

1. ✏ Schreibe auf, wie eine Talsperre gebaut wird.
2. Finde heraus, wo die nächste Talsperre liegt.
   - Aus welchem Grund wurde sie gebaut?
   - Wozu wird sie heute genutzt?
   - Wie viel Wasser kann in ihr gestaut werden?

   ✏ Schreibe deine Ergebnisse auf.

Zusatzaufgabe:
Staudämme können aber auch negative Auswirkungen für die Menschen haben. Suche Informationen dazu, zum Beispiel unter dem Stichwort *Assuan-Staudamm*.

Name: _____ Datum: _____

Die Güteklassen für fließendes Gewässer (1)

Es gibt rechtliche Vorschriften für das Trinkwasser. Darin wird festgelegt, welche Stoffe im Trinkwasser vorkommen dürfen. Auch das Wasser in fließenden Gewässern, wie zum Beispiel in Bächen und Flüssen, wird untersucht.
In unbelasteten bzw. sauberen Gewässern leben andere Tiere als in belasteten Fließgewässern. Wenn das Wasser zu wenig Sauerstoff enthält, können zum Beispiel Fische nicht mehr darin leben. Auch Wasserflöhe und andere Kleinkrebse sind wichtig für die Wasserqualität. Sie verhindern die Massenvermehrung von Algen. Außerdem sind sie eine wichtige Futterquelle für viele Fische.

Die Gewässer werden in verschiedene Güteklassen eingeteilt. Der wichtigste Maßstab für die Beurteilung ist der Sauerstoffgehalt des Wassers. Wenn das Wasser nicht ständig mit Luft durchmischt wird, ist der Sauerstoffgehalt im Wasser schnell verbraucht.
Man unterscheidet sieben Güteklassen.

Aufgaben:

1. Lies den Text.
2. Klebe auf Arbeitsblatt 2 die fehlenden Texte in die Tabelle ein.
3. Erkundige dich über die Gewässerqualität der großen Flüsse in eurer Gegend. Auskunft erhältst du bei den örtlichen Gesundheitsämtern oder im Internet (für Nordrhein-Westfalen z. B. unter: *www.lanuv.nrw.de*).

Name: _____   Datum: _____

Die Güteklassen für fließendes Gewässer (2)

Güteklasse	Beurteilung des Wassers	Wie sieht das Leben in diesem Gewässer aus?
1	Das Wasser ist unbelastet bis sehr gering belastet.	
1 bis 2	Das Wasser ist gering belastet.	Das Wasser ist in einem naturnahen Zustand. Es gibt viele Tiere und Pflanzen in dem Gewässer.
2	Das Wasser ist mäßig belastet.	
2 bis 3	Das Wasser ist kritisch belastet.	Der Zustand des Wassers ist deutlich beeinträchtigt. Algen vermehren sich rasch. Fische können sterben, da der Sauerstoffgehalt des Wassers reduziert ist.
3	Das Wasser ist stark verschmutzt.	
3 bis 4	Das Wasser ist sehr verschmutzt.	Der Zustand des Wassers entspricht kaum noch der Natur. Das Wasser ist stark verschmutzt. Zeitweise gibt es kaum noch Sauerstoff im Wasser. Fische sterben.
4	Das Wasser ist übermäßig verschmutzt.	

Das Wasser hat einen natürlichen Zustand. Es ist rein. Es enthält sehr viel Sauerstoff und es gibt wenig Bakterien im Wasser. Im Gewässer leben Pflanzen und Tiere.	Der Zustand des Wassers ist deutlich beeinträchtigt. Das Wasser ist stark verunreinigt. Es gibt wenig Sauerstoff. Im Wasser sind viele Bakterien.
Das Wasser ist übermäßig verschmutzt. Teilweise enthält es keinen Sauerstoff mehr. Fische können nicht mehr darin leben. Es gibt sehr viele Bakterien.	Das Wasser ist wenig beeinträchtigt. Die Sauerstoffversorgung ist gut. Die Anzahl der Bakterien ist erhöht.

Name: _____ Datum: _____

Ein Gewässer kann „umkippen" (1)

Immer wieder gelangen Abwässer, giftige Chemikalien, Pestizide und Düngemittel in unsere Gewässer.
Sie verunreinigen das Wasser und haben Folgen für Tiere und Pflanzen, die in dem Wasser leben.
Besonders in stehenden Gewässern können sie großen Schaden anrichten. Stehende Gewässer sind zum Beispiel Weiher und Seen.

Auch ein See und seine Tier- und Pflanzenwelt brauchen Nährstoffe. In einem chemisch reinen Wasser könnten sie nicht leben. Sie brauchen außer Wasser auch Kohlendioxid und Mineralstoffe. Wenn sie aber zu viele Nährstoffe bekommen, wird das Wasser überdüngt. Dann vermehren sich einige Algenarten sehr schnell. Sie wuchern. Die Pflanzen nehmen sich gegenseitig den Platz und das Licht weg. Bei zunehmendem Lichtmangel sterben sie ab. Wenn Algen absterben, werden sie von Bakterien zersetzt. Bei diesem Vorgang verbrauchen die Bakterien viel Sauerstoff. Den Sauerstoff entziehen sie dem Wasser. Der See braucht aber Sauerstoff. Wenn die Bakterien ihm immer mehr Sauerstoff entziehen, „stinkt" er irgendwann. Er „kippt um". Die Pflanzen und Tiere können dann nicht mehr in diesem Wasser leben. Sie sterben.

In vielen Seen findet man Phosphat. Das ist ein Mineralsalz, das zum Beispiel in der Landwirtschaft als Düngemittel verwendet wird. Ein Teil dieses Düngemittels gelangt mit dem Regenwasser von den Feldern in unser Grundwasser. Von dort kommt es in Bäche und Seen.

In der Landwirtschaft wird auch Gülle von Rindern und Schweinen als Düngemittel benutzt. Auch Gülle enthält Phosphate, die den Gewässern schaden können.

Früher gelangten auch durch unser Waschmittel viele Phosphate in das Grundwasser.
Heute sind aber über 90 Prozent aller Waschmittelsorten phosphatfrei. Die Bedrohung der Gewässer durch den Waschmittelverbrauch hat also nachgelassen.

Aufgaben:

1. 👓 Lies den Text.
2. ✏️ Unterstreiche mit dem Lineal wichtige Wörter.
3. ✏️ Löse das Rätsel auf Arbeitsblatt 2.

53

Name: ______________________ Datum: ____________

Ein Gewässer kann „umkippen“ (2)

1. Was verunreinigt immer wieder unsere Gewässer?
2. Für wen haben die Verunreinigungen Folgen?
3. Was brauchen Tiere und Pflanzen zum Leben?
4. Was enthalten Düngemittel?
5. Wer zersetzt die Algen?
6. Welche Pflanzen wuchern sehr schnell?
7. Nenne ein stehendes Gewässer.
8. Was gelangt noch in unsere Abwässer?
9. Was wird durch zu viele Nährstoffe überdüngt?
10. Was entziehen die Bakterien dem Wasser?
11. Wohin gelangen Pestizide und Düngemittel immer wieder?

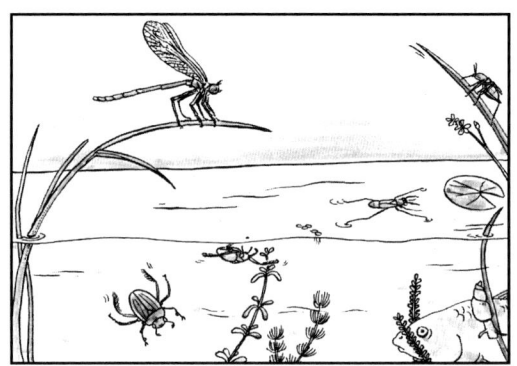

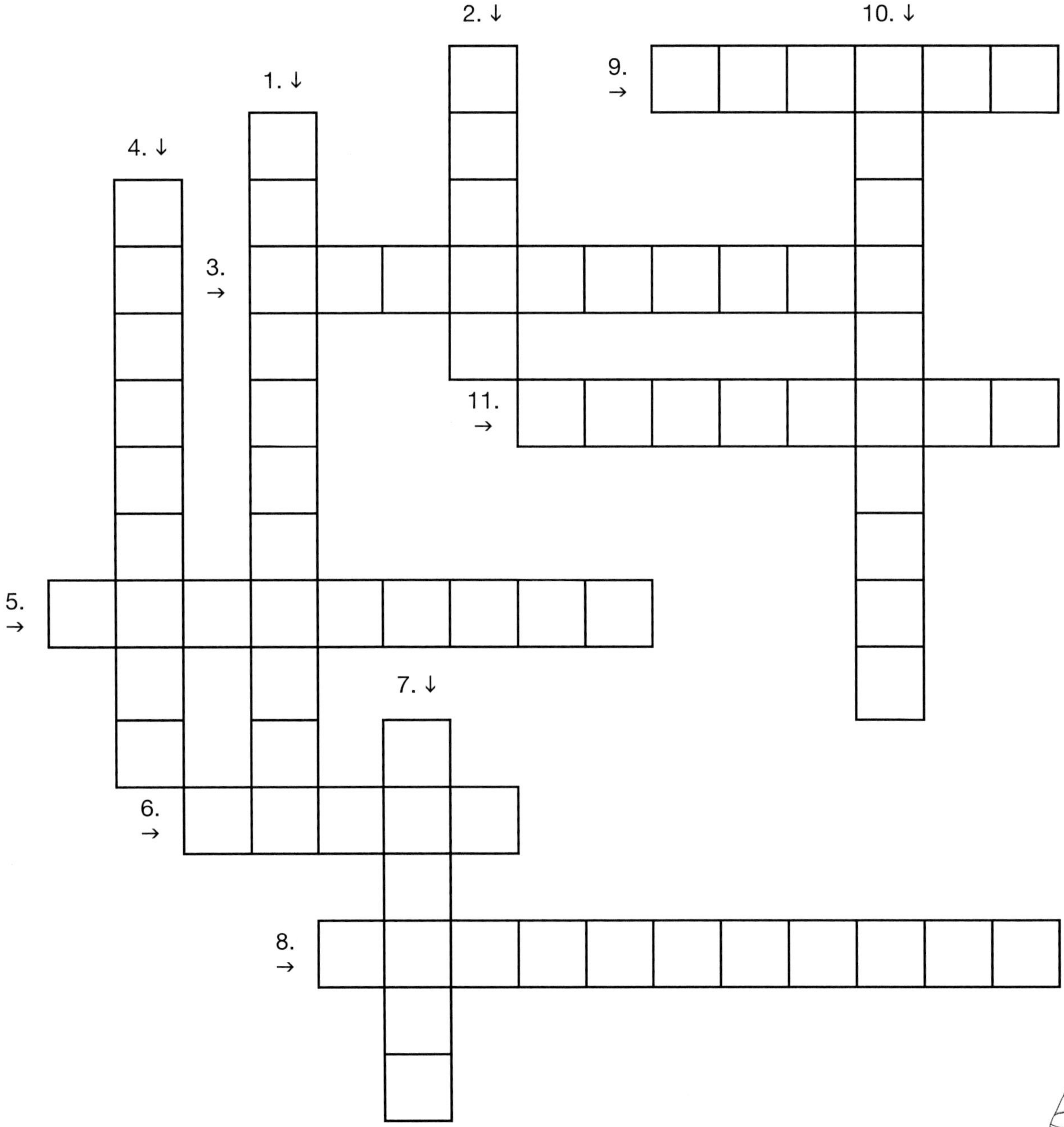

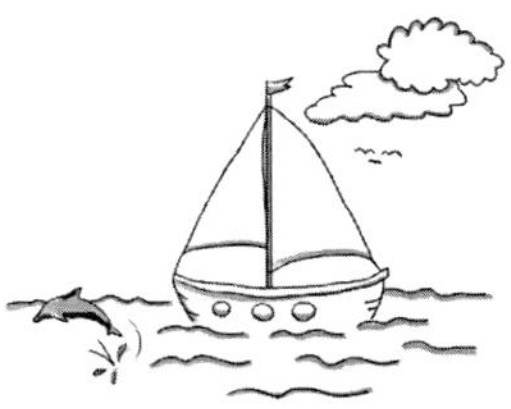

BVK • Alice Undorf: Themenheft „Wasser“

Name: _____ Datum: _____

Wassertiere

Hier verstecken sich viele Tiere, die im Wasser leben:

Aal – Muräne – Biber – Fischotter – Hecht – Robbe – Wal – Delfin – Seekuh – Schwimmratte – Krebs – Krabbe – Seewolf – Tintenfisch – Meeresschildkröte – Hai – Krake – Seepferdchen – Qualle – Scholle – Garnele – Seeteufel – Seezunge – Lachs – Hummer – Makrele – Heilbutt

Suche die Tiere! Du findest sie: → ↓ ↘ ↗

B	S	G	S	B	I	T	R	A	I	K	M	A	E	E	H	F
A	I	E	E	A	H	A	U	A	W	W	D	E	L	L	E	I
W	I	B	L	C	F	I	H	L	M	A	E	E	S	B	I	S
E	U	S	E	E	T	E	U	F	E	L	R	T	B	S	L	C
Q	U	H	L	R	O	B	B	E	R	K	O	A	E	S	B	H
G	A	R	N	E	L	E	H	W	A	I	R	S	P	L	U	O
W	F	H	U	M	M	E	R	M	T	K	R	A	K	E	T	T
F	S	E	E	P	F	E	R	D	C	H	E	N	P	F	T	T
D	I	C	G	A	S	C	H	W	I	M	M	R	A	T	T	E
E	T	Q	T	S	E	E	Z	U	N	G	E	Z	U	H	E	R
L	S	U	M	A	E	Q	U	Z	I	E	F	G	I	L	E	U
F	L	A	U	N	K	M	M	A	G	L	E	T	L	G	A	R
I	A	L	R	B	U	R	B	R	O	R	A	O	D	S	Ä	L
N	E	L	Ä	B	H	U	E	W	E	N	H	C	F	Q	U	Ä
P	K	E	N	F	U	Z	E	B	X	C	L	L	H	E	R	T
G	A	R	E	T	T	E	M	M	S	H	U	M	K	S	L	R
M	E	E	R	E	S	S	C	H	I	L	D	K	R	Ö	T	E
K	Ö	P	Q	T	I	N	T	E	N	F	I	S	C	H	Ö	P

55

Name: _____   Datum: _____

Fische (1)

Es gibt viele verschiedene Fische. Einige Fischarten leben im Süßwasser. Diese nennt man auch Süßwasserfische. Andere Fische leben im Meer. Sie werden Salzwasserfische genannt. Alle Fische brauchen Sauerstoff, um leben zu können. Die Fische haben keine Lunge wie wir. Sie entnehmen den Sauerstoff aus dem Wasser: Das Wasser nehmen sie mit dem Maul auf. Es strömt durch die Kiemen und tritt durch die Kiemenöffnungen wieder aus. Fische sind wechselwarme Tiere. Das bedeutet, ihre Körpertemperatur steigt oder fällt je nach der Wassertemperatur.

Man unterscheidet Knorpelfische und Knochenfische. Die **Knorpelfische** haben ein Knorpelskelett, das etwas weicher ist als das Knochenskelett der Knochenfische. Die Haut der Knorpelfische ist entweder nackt oder mit schuppenartigen Hautzähnen bedeckt. Diese Haut besteht aus Knochensubstanz. Der gefleckte Leopardenhai und der Rochen sind zum Beispiel Knorpelfische.

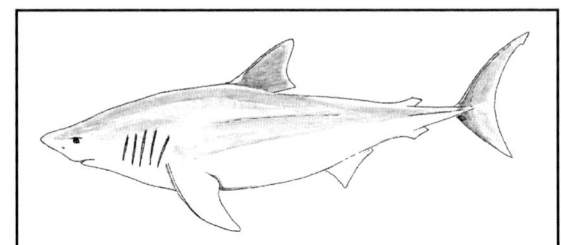

Die Makrele und die Scholle gehören zu den **Knochenfischen.** Alle Fische haben ein ganz oder zum Teil verknöchertes Skelett. Die Wirbelsäule der Knochenfische trägt den Kopf und stützt den Rumpf. Knorpel- und Knochenfische unterscheiden sich auch in der Ausbildung der Kiemenspalten. Bei den Knochenfischen werden die Kiemenspalten mit einem knöchernen Kiemendeckel abgedeckt. Das Wasser strömt an einer einzigen Öffnung wieder aus.

Den Knorpelfischen fehlt ein solcher Kiemendeckel. Die Kiemenspalten öffnen sich ohne Deckel. Das Wasser strömt durch alle Kiemenspalten aus.

Ein Fisch hat keine Augenlider. Das Wasser hält seine Augen feucht und reinigt sie. Die Gliedmaßen der Fische nennt man Flossen. Fische haben zwei Brust- und zwei Bauchflossen. Damit können sie sich aufwärts und abwärts sowie nach rechts und nach links bewegen. Außerdem besitzen sie eine Rücken- und eine Afterflosse. Diese Flossen helfen dem Fisch, nicht seitlich umzukippen. Fische haben auch noch eine Schwanzflosse, mit deren Hilfe sie sich fortbewegen.

Die Knochenfische haben eine aufblasbare Schwimmblase. Sie ist ursprünglich aus der Lunge entstanden. Die Schwimmblase ermöglicht es den Fischen, beim Schwimmen aufzusteigen und abzusinken. Manche Knochenfische haben sowohl eine Schwimmblase als auch eine Lunge. Knochenfische haben außerdem ein Herz, einen Magen und Muskeln. Sie haben ein Zwerchfell, eine Leber, eine Milz, Nieren und einen After. Knorpelfische haben dagegen keine Schwimmblase und somit auch keine Lunge.

Die meisten Fische laichen. Das bedeutet: Sie legen Eier bzw. verspritzen sie einfach ins Meer. Die Eier werden durch den Samen, der ebenfalls ins Wasser gespritzt wird, befruchtet. Manche Fische bewachen sogar ihre Brut.

Name: ____________________ Datum: __________

Fische (2)

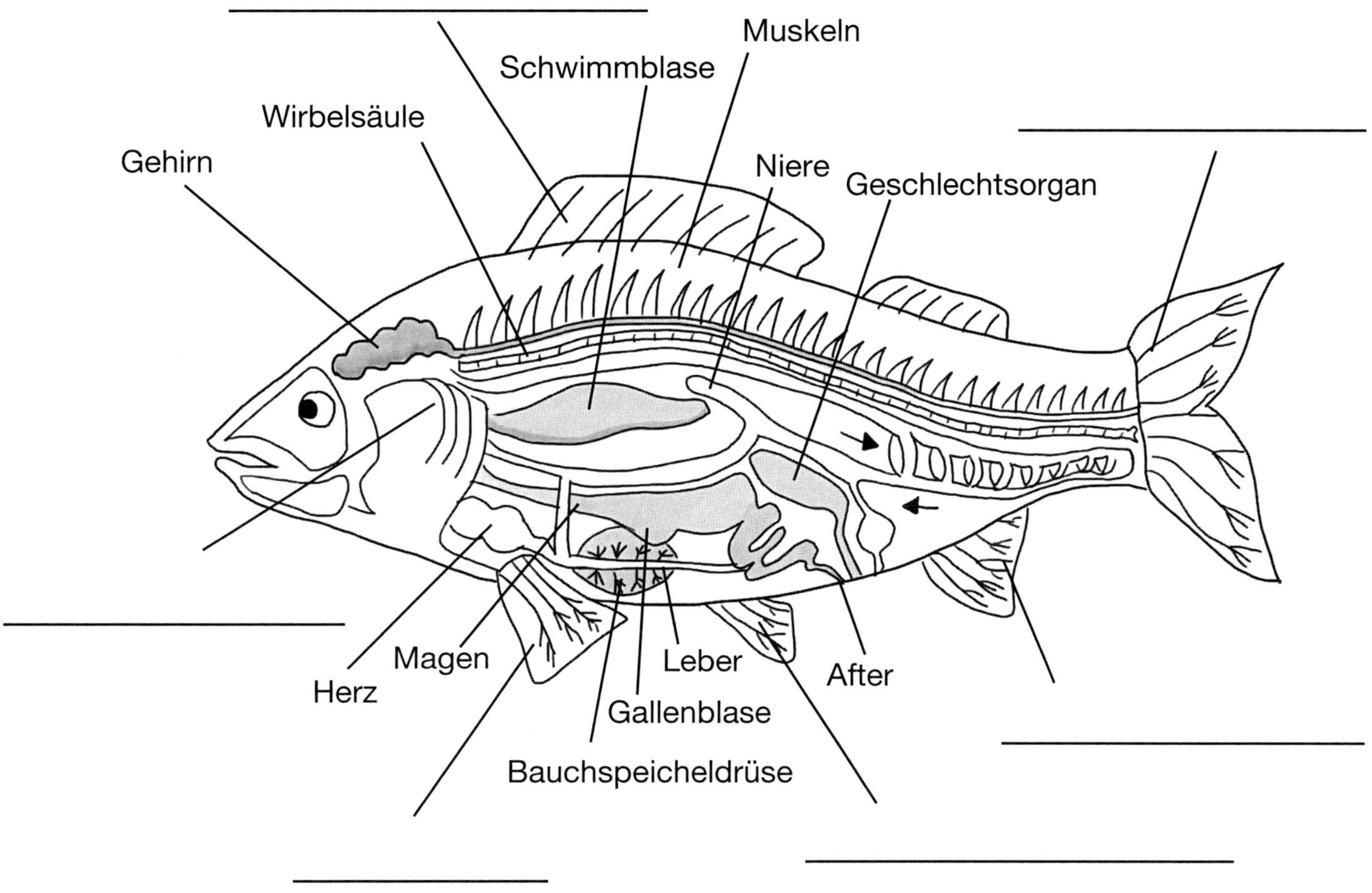

Muskeln
Schwimmblase
Wirbelsäule
Gehirn
Niere
Geschlechtsorgan
Magen
Herz
Leber
After
Gallenblase
Bauchspeicheldrüse

Aufgaben:

1. Lies den Text auf Arbeitsblatt 1.
2. Unterstreiche wichtige Wörter im Text.
3. Schaue dir die Abbildung eines Knochenfisches an.
   Ergänze die fehlenden Namen der Körperteile.

Name: _____   Datum: _____

Über die Ozeane und Meere (1)

Die Meere und Ozeane bedecken ungefähr drei Viertel der Erdoberfläche. Das Wasser ist salzig und enthält verschiedene Mineralien.

Auf dem Meeresgrund gibt es tiefe Gräben. Das sind breite Vertiefungen auf dem Grund des Ozeans. Der tiefste Graben ist der Marianen-Graben im Pazifischen Ozean. Er ist elf Kilometer tief. Der Meeresboden ist mit Schlick bedeckt. Dort leben viele Tiere.

Die ersten Lebewesen entwickelten sich im Meer. Erst viel später gingen einige Lebewesen an Land. Andere blieben im Wasser. In den Meeren und Ozeanen leben sowohl furchterregende Haie und riesige Wale als auch friedliche Rochen und winzige Fische. Es gibt Muscheln, Seeigel, Quallen, Seesterne und viele mehr. Es gibt Korallenriffe mit vielen bunten Korallen. Sie bestehen aus Millionen verschiedener Korallentiere. Diese bauen kleine Gehäuse aus Kalk. Wenn eine Koralle stirbt, bleibt das Steinhaus übrig. Andere Korallen bauen darauf ein neues Gehäuse.

Auf dem Grund des Ozeans ist es dunkel und kalt. Das Licht dringt nur in die oberen Wasserschichten. Ab 1 000 Meter Tiefe herrscht völlige Dunkelheit. Aber auch dort leben Tiere, zum Beispiel die Seegurke, die Tiefsee-Asselspinne oder der Dreistelzenfisch. In der Tiefsee geben die Tiere Leuchtsignale.

Im Meer wachsen viele große Algen. Diese nennt man Seetang. Sie können nur in den Bereichen wachsen, wo sie genug Licht bekommen. Die Grünalgen brauchen besonders viel Licht. Deshalb wachsen sie auch nur in den oberen Wasserschichten. Es gibt auch rote und braune Algen. Diese können auch in den etwas tieferen Bereichen des Meeres leben, in denen es dunkler ist. Die größte Meerespflanze kann 100 Meter lang werden. Man nennt sie Birntang.
Seetang bildet riesige Meereswälder. In ihnen leben viele Tiere, zum Beispiel Seesterne und Fische.

Im Meer leben Milliarden winziger Pflanzen und Tiere, die kleiner als einen Millimeter sind. Man nennt sie Plankton. Das Plankton ist das wichtigste Nahrungsmittel für viele Tiere. Insgesamt gibt es viele Tausende Tier- und Pflanzenarten in den Ozeanen. Das Wasser ist ihr Lebensraum.

Name: _____ Datum: _____

Über die Ozeane und Meere (2)

✏️ ☒ Kreuze die richtigen Antworten an. Du erhältst ein Lösungswort.
Achtung: Manchmal sind auch mehrere Aussagen richtig.

1. Das Meerwasser ist Süßwasser.   M __
 Das Meerwasser ist salzig.   U __
 Das Meerwasser enthält Mineralien.   N __

2. Der Meeresgrund ist glatt.   A __
 Auf dem Meeresgrund gibt es Gräben.   T __
 Auf dem Meeresboden gibt es Schlick.   E __

3. Die ersten Lebewesen lebten in der Luft.   S __
 Die ersten Lebewesen entwickelten sich an Land.   T __
 Die ersten Lebewesen entwickelten sich im Wasser.   R __

4. Korallen bestehen aus Korallenpflanzen.   E __
 Korallen bestehen aus vielen kleinen Korallentieren.   W __
 Korallen bauen Gehäuse aus Kalk.   A __

5. Ab 100 Metern Tiefe herrscht im Wasser völlige Dunkelheit.   D __
 Ab 500 Metern Tiefe herrscht im Wasser völlige Dunkelheit.   T __
 Ab 1 000 Metern Tiefe herrscht im Wasser völlige Dunkelheit.   S __

6. Im Meer gibt es verschiedene Algen.   S __
 Im Meer gibt es keine Pflanzen.   O __
 Im Meer gibt es Pflanzen, die in verschiedenen Tiefen wachsen können.   E __

7. Zwischen den Algen leben keine Tiere.   A __
 Zwischen den Algen leben Fische.   R __
 Zwischen den Algen leben Seesterne.   W __

8. Es gibt tierisches Plankton.   E __
 Es gibt pflanzliches Plankton.   L __
 Plankton ist ein wichtiges Nahrungsmittel für viele Tiere.   T __

Lösungswort: ___ ___ ___ ___ ___ ___ ___ ___ ___ ___ ___ ___ ___

Name: _____ Datum: _____

Wasser- und Sumpfpflanzen

1. Suche folgende Wasser- und Sumpfpflanzen:
Hornblatt – Wasserlinse – Wasserhahnenfuß – Sumpfdotterblume – Seerose – Froschbiss – Tausendblatt – Seegras – Teichrose – Laichkraut – Wasserpest – Algen – Wasserschwertlilie – Wollgras – Rohrkolben – Binse – Igelkolben

Du findest sie: → ↓ ↘ ↗

2. 👁 Schaue in Sachbüchern oder Pflanzenlexika nach, wie die Pflanzen aussehen.
3. Finde heraus, wo die Pflanzen leben: Leben sie in der Sumpfpflanzenzone (am Gewässerrand), in der Schwimmpflanzenzone (an der Wasseroberfläche) oder in der Tauchpflanzenzone (unter Wasser)? ✏ Zeichne eine Tabelle in dein Heft und ordne die Pflanzen den verschiedenen Zonen zu:

Sumpfpflanzenzone	Schwimmpflanzenzone	Tauchpflanzenzone

Name: _____ Datum: _____

Aqua destillata

Das Wasser, das in der Natur vorkommt, ist niemals wirklich rein. Es enthält immer noch verschiedene Stoffe, wie zum Beispiel Salze oder gelöste Gase.

Es gibt trotzdem ein Wasser, das wirklich rein ist. Man nennt es *Aqua destillata*. Dieses Wasser ist destilliertes Wasser. Es enthält keine Salze oder Gase mehr. Es wird bis zum Sieden erhitzt. Der heiße Wasserdampf steigt in einem Kühler auf. Er kühlt wieder ab und wird wieder flüssig. Das destillierte Wasser tropft in einen Auffangbehälter.
Die gelösten Salze und der Schmutz dagegen verdampfen nicht. Sie bleiben zurück.

Destilliertes Wasser wird vor allem in der chemischen Industrie genutzt. Dort benutzt man es, um chemische Stoffe zu zerlegen. Es wird bei Experimenten gebraucht, zum Beispiel, wenn Stoffe in verschiedenen Wassersorten getestet werden.

Destilliertes Wasser wird aber auch bei der Herstellung von pharmazeutischen Produkten, zum Beispiel bei Injektionsflüssigkeiten, verwendet. Auch Autobatterien und Autokühler benötigen destilliertes Wasser. Du kannst destilliertes Wasser auch in Supermärkten kaufen. Man benötigt es unter anderem für Luftbefeuchter. Vor einigen Jahren brauchte man es für Dampfbügeleisen. Auch heute wird es dafür noch gebraucht, wenn das Leitungswasser zu kalkhaltig ist. Für den Menschen ist es jedoch schädlich. Du darfst es auf keinen Fall trinken!

Aufgaben:

1. Überlege, wie eine Apparatur aussehen könnte, mit der man Wasser destillieren kann. ➡ Zeichne sie in den Kasten.
2. ➡ Vergleiche deine Apparatur mit denen deiner Mitschülerinnen und Mitschüler.
3. Sucht in Sachbüchern nach Abbildungen von solchen Apparaturen. Vergleicht sie mit euren Apparaturen.

Name: _____ Datum: _____

Ein Wasser-Rondell

Der Bach im Wald

1 Das Wasser fließt.
2 Der Bach plätschert über Stock und Stein.
3 Gras wächst am Ufer.
4 Das Wasser fließt.
5 Mücken schwirren umher.
6 Am Ufer singt ein Vogel.
7 Das Wasser fließt.
8 Der Bach plätschert über Stock und Stein.

Der Ozean

1 Der Ozean ist groß und tief.
2 In der Ferne sieht man den Horizont.
3 Das Wasser ist salzig.
4 Der Ozean ist groß und tief.
5 Viele Tiere leben im Wasser.
6 Es gibt Pflanzen auf dem Meeresgrund.
7 Der Ozean ist groß und tief.
8 In der Ferne sieht man den Horizont.

Aufgaben:

1. ✎ Schreibe auch ein Wasser-Rondell.
2. ✎ Schreibe es zunächst auf ein einfaches Blatt Papier.
   ✎ Nummeriere die Zeilen 1 bis 8.
3. Überlege dir einen Satz, der dir zum „Wasser" einfällt.
   ✎ Schreibe diesen Satz in die Zeilen 1, 4 und 7.
4. Nun 👓 lies die erste Zeile noch einmal. Was fällt dir hierzu ein?
   Denke dir einen Satz aus. ✎ Schreibe ihn in die Zeilen 2 und 8.
5. 👓 Lies noch einmal alle Zeilen. Was passt dazu? Denke dir drei Sätze aus. ✎ Schreibe sie in die Zeilen 3, 5 und 6.
6. ✎ Nun überlege dir noch eine passende Überschrift.
7. ✎ Schreibe jetzt dein Wasser-Rondell ordentlich in dein Heft oder in die Mitte eines Blattes. ✎ Gestalte das Blatt mit Bildern.

Name: _____ Datum: _____

Redensarten rund um das Wasser

sich über Wasser halten

etwas ist ein Schlag ins Wasser

das Wasser steht jemandem bis zum Hals

etwas fällt ins Wasser

jemandem das Wasser reichen

nur mit Wasser kochen

jemandem das Wasser abgraben

da fließt noch viel Wasser den Rhein hinunter

mit allen Wassern gewaschen sein

nahe am Wasser gebaut sein

 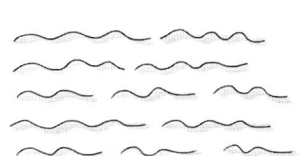

Aufgaben:

1. 👓 Lies die Redensarten.
2. Überlege, was sie bedeuten. Die Stichwörter unten helfen dir dabei.
   ✏ Schreibe jede Redensart mit ihrer Bedeutung in dein Heft.

etwas kommt nicht zustande – man ist genauso viel wert – man kommt durch – man bemüht sich vergeblich – jemandem schaden – jemand ist sehr gefährdet – jemand leistet nichts Außergewöhnliches – jemand weint häufig – jemand ist gerissen – das dauert noch lange

Name: _____ Datum: _____

Wasserwörter-Rätsel

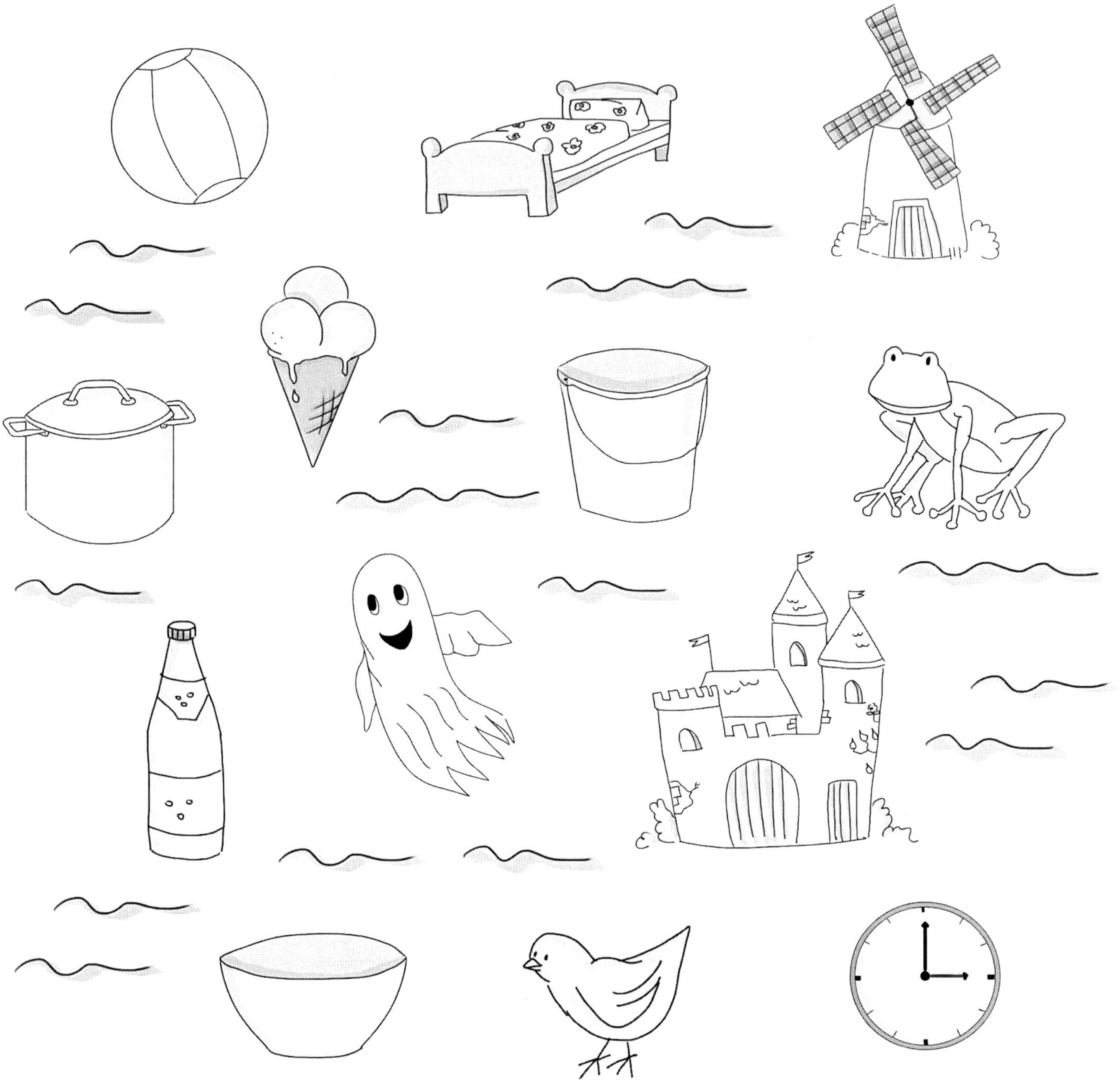

Aufgaben:

1. In diesem Wasserbild verstecken sich viele Wasserwörter:
   zum Beispiel die Wasserflasche ...
   👓 Suche alle Wörter und ✏️ schreibe sie in dein Heft.
2. Kennst du noch andere Wasserwörter?
   👓 Schaue im Wörterbuch nach. ✏️ Schreibe die Wörter auf.

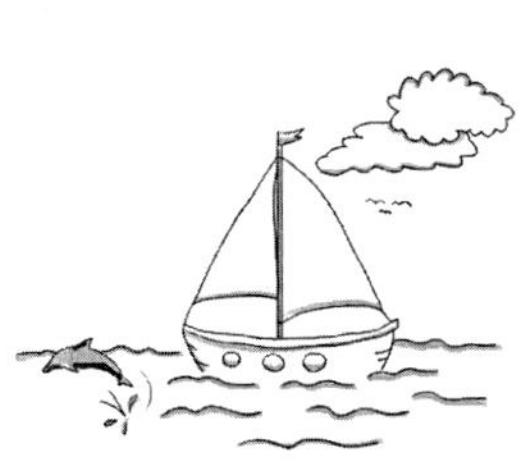

Name: _____ Datum: _____

Wortsilben und Wortarten

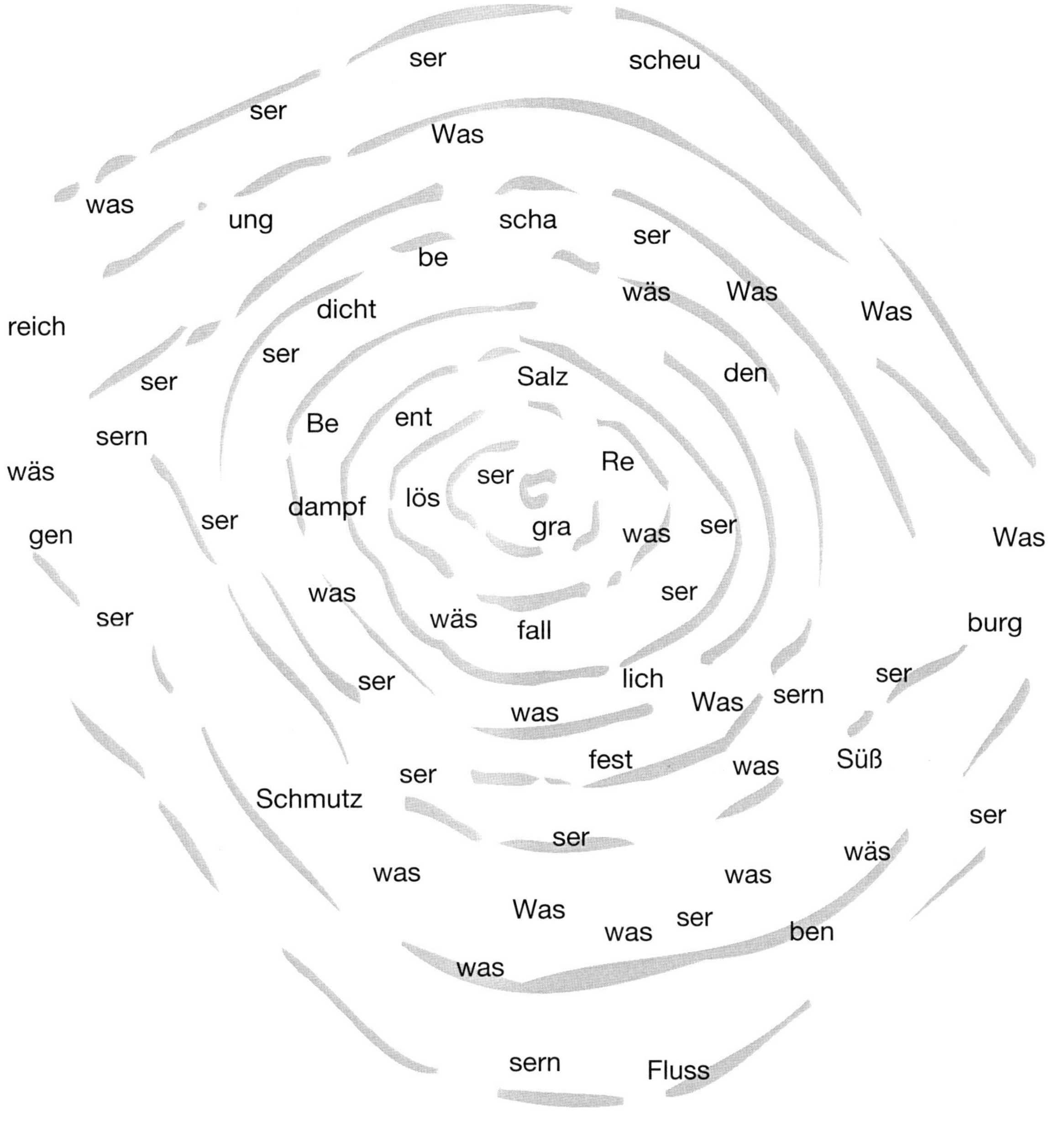

ser scheu
ser Was
was ung scha ser
be wäs Was Was
reich dicht ser
ser Salz den
sern Be ent
wäs ser Re
ser dampf lös was ser Was
gen gra ser burg
was ser
ser wäs fall
ser lich Was sern ser
was fest was Süß
Schmutz ser ser
ser wäs
was was
Was was ser ben
was
sern Fluss

Aufgaben:

1. In dieser Wasserpfütze findest du viele Wortsilben. Wenn du sie zusammensetzt, erhältst du viele Wasser-Wörter.
2. ✎ Zeichne eine Tabelle mit drei Spalten in dein Heft:

Nomen	**Verben**	**Adjektive**

3. ✎ Trage alle Wasser-Wörter ein.

65

Name: _____ Datum: _____

Ein Hörspiel: Flip macht einen Ausflug

Flip ist ein kleiner Frosch. Er sitzt am Ufer und schaut auf das Wasser. Flip ist sehr neugierig. Aber bis jetzt durfte er nur im heimischen Teich spielen.

Heute will er einmal ohne seine Eltern die Welt entdecken. In der Ferne hört er ein Quaken und Rauschen. Da müssen doch noch mehr Frösche sein. Vielleicht kann man mit ihnen spielen ... Flip macht sich auf den Weg. Er springt hoch und – klatsch – landet er auf einem großen Seerosenblatt. Er hört das Wasser fließen und er hört ein Blubbern. Was ist das? Er springt hoch und – klatsch – landet er auf dem nächsten Seerosenblatt. Flip springt noch einmal. Hilfe! Platsch! Er fällt ins Wasser. Wo ist er denn jetzt gelandet? Hier gibt es Schlingpflanzen und viele kleine Steine. Das Blubbern kommt näher. Es wird lauter. Fische. Flip sieht viele Fische. Es gibt große Fische und kleine Fische. Aber keiner will mit ihm spielen. Hier unten gefällt es Flip nicht.

Er schwimmt zu einem großen dicken Stein. Platsch, platsch, er klettert hinauf. Er hört Bienen summen und Fliegen brummen. Schnell fängt er eine dicke Fliege und frisst sie auf. Jetzt hört er auch wieder das rauschende Wasser. Dort hinten gibt es keine Seerosen mehr und das Wasser fließt langsam. Flip springt von Blatt zu Blatt. Dann schwimmt er. Er lässt sich auf dem Wasser treiben. Das Wasser plätschert über viele Steine. Eine Zeit lang gefällt das Flip. Aber dann wird es ihm zu langweilig. Warum gibt es hier keine anderen Frösche?

Flip springt ans Ufer und hopst quakend zurück zu den Seerosen. Jetzt hört er auch andere Frösche quaken. Das Quaken wird lauter. Oh, da sind viele andere kleine Frösche. Sie springen vom Ufer ins Wasser. Andere spielen im Wasser. Einige fangen brummende Fliegen. Auch das Blubbern der Fische kann man hören. Flip freut sich. Er macht einen großen Sprung und landet mitten unter den anderen kleinen Fröschen. Gemeinsam spielen sie.

Aufgaben:

1. Vertont die Geschichte. Die Geräusche könnt ihr leicht nachahmen. Ihr braucht dazu Strohhalme und eine Schüssel, gefüllt mit Wasser, fließendes Wasser oder eine Kanne, gefüllt mit Wasser. Vielleicht fallen euch noch andere Dinge ein, mit denen ihr die Geräusche (Blubbern usw.) nachahmen könnt.
   Übt die Geschichte ein: Einer von euch übernimmt die Rolle des Erzählers, die anderen machen die Geräusche.
   Spielt eure Version der Geschichte eurer Klasse vor und nehmt sie auf.
2. Überlegt, ob ihr auch Dialoge in die Geschichte einfügen könnt.
   • Was könnte Flip sagen?
   • Was könnten die anderen Frösche, die Fliegen, die Bienen und die Fische sagen?
   • Schreibt die Sprechtexte auf. Verteilt die Rollen.
   • Nehmt euer Hörspiel auf.

Das Wasser des Lebens

Aufgaben:

1. ✂ Schneide die Abschnitte aus.
2. Lege sie in der richtigen Reihenfolge hintereinander und 🧴 klebe sie auf.
3. Mache aus dem Märchen einen Comic. ✏ Zeichne Bilder und Sprechblasen und ✏ schreibe Texte hinein.
4. Die Brüder Grimm haben verschiedene Varianten dieses Märchens gefunden. Auch in anderen Märchen gibt es das Wasser des Lebens. 👁 Schaue in Märchenbüchern oder im Internet *(www.maerchenlexikon.de)* nach und vergleiche mehrere Märchen.
5. ✏ Schreibe die Gemeinsamkeiten und Unterschiede heraus.

Der Prinz ging zum Brunnen und schöpfte das Wasser des Lebens. Dann verließ er das verwunschene Schloss. Auf seinem Rückweg begegnete der Prinz wieder dem Zwerg. Er bat ihn, die Brüder zu erlösen. Der Zwerg warnte den Prinzen vor seinen Brüdern.

Der König wurde wieder gesund. Die ältesten Söhne klagten den jüngsten an, den Vater vergiften zu wollen. Der alte König befahl, seinen jüngsten Sohn zu töten. Der Jäger hatte jedoch Mitleid mit dem Prinzen und ließ ihn laufen.

Es war einmal ein alter König, der war sehr krank. Kein Arzt konnte ihn heilen. Der König hörte, dass das Wasser des Lebens ihm helfen könnte, wieder gesund zu werden. Seine drei Söhne wollten ihm helfen.

Zuerst zog der älteste Sohn aus, um das Wasser zu suchen. Er begegnete einem Zwerg und behandelte diesen hochmütig. Zur Strafe geriet er in eine Bergschlucht, aus der er nicht mehr herauskam. Dem zweiten Sohn erging es genauso.

Der jüngste Prinz ritt zu einem verwunschenen Schloss, das nur eine Stunde am Tag offen war. Er befolgte die Ratschläge des Zwerges. In dem verwunschenen Schloss sah er eine verzauberte, schöne Prinzessin. Er versprach ihr, sie zu heiraten.

Nach einem Jahr wurde der Betrug entdeckt. Der Vater verzieh seinem jüngsten Sohn und bestrafte die beiden älteren Söhne. Der jüngste Prinz heiratete die Prinzessin.

Der dritte und jüngste Sohn zog aus, um das Wasser zu suchen. Auch er begegnete dem Zwerg. Der Zwerg half ihm, das Wasser des Lebens zu finden und gab ihm gute Ratschläge.

Der jüngste Prinz traf seine älteren Brüder wieder. Diese waren eifersüchtig und überlisteten ihn. Sie vertauschten das Wasser des Lebens mit Seewasser. Der jüngste Sohn überreichte seinem Vater das angebliche Wasser des Lebens. Der Vater trank es und wurde noch kränker. Danach überreichten die anderen Söhne ihrem Vater das Wasser des Lebens.

Name: _____ Datum: _____

Wasser in der Bibel

Wasser hat viele Eigenschaften und Bedeutungen. Es ist Lebensraum. Es ist erfrischend und kühl. Es ist lebensnotwendig. Unser Körper besteht zu zwei Dritteln aus Wasser. Wasser kann reinigen und es kann heilen. Wasser ist ein Zeichen für Leben, aber auch für Tod und Vernichtung.

Das Symbol Wasser finden wir auch in den christlichen Religionen.
Beim Sakrament der Taufe wird dem Täufling entweder Weihwasser über den Kopf gegossen oder er wird im Wasser untergetaucht. Die katholische und die orthodoxe Kirche benutzen geweihtes Wasser zur Segnung bei Prozessionen usw.

In der Bibel ist häufig vom Wasser die Rede. In mehreren Geschichten im Alten und im Neuen Testament spielt das Wasser eine Rolle. Es hat die Kraft, Leben und Tod zu geben. Es ist aber auch geheimnisvoll und es kann begeistern.

Aufgaben:

1. Fallen dir weitere Eigenschaften und Bedeutungen des Wassers ein?
   Schreibe sie auf.
2. Welche Bibel-Geschichten fallen dir spontan ein, in denen das Wasser eine wichtige Rolle spielt? Notiere sie.
3. Jetzt schaue dir im Alten und im Neuen Testament die angegebenen Textstellen an.
   • Was geschieht dort?
   • Welche Bedeutung hat das Wasser dort?
   • Schreibe sie auf.
   • Schaue nach unter:

   - Genesis 1,1 bis 1,10
   - Genesis 7,7 bis 8,12
   - Das Buch Jona 1,3 bis 1,16 und 2
   - Exodus 14,5 bis 14,30
   - Psalm 104
   - Evangelium nach Matthäus 8,23 bis 8,27
   - Evangelium nach Markus 1,9 bis 1,11

Name: _____ Datum: _____

Überschwemmung am See

Du brauchst:
- Deckfarben
- Pinsel
- ein DIN-A3-Zeichenpapier
- Wassertopf

Aufgaben:

1. Lege das Zeichenblatt im Querformat vor dich.
2. Male nun einen See:

Das Wasser im See ist durch viele starke Regenfälle gestiegen. Das Wasser sieht nicht einheitlich blau aus. An tiefen Stellen des Sees erscheint es dunkler. Am Seerand sieht es blau-grün aus, weil dort Gras und Pflanzen unter der Wasseroberfläche verborgen sind. Der See ist von Bäumen umringt. Die Baumstämme stehen teilweise im Wasser. Das Flussufer ist im Wasser verschwunden. Vereinzelt sieht man noch Teile von Sträuchern aus dem Wasser ragen. Eine Entenfamilie freut sich, dass sie mehr Platz zum Schwimmen hat.

· ·

Beurteilungskriterien

- Bildkomposition und Anordnung der Bildelemente
- Ideenreiche und detaillierte Darstellung der See-Landschaft
- Gestaltung des Sees durch eine Vielzahl verschiedener Blautöne
- Formatfüllendes Zeichnen

☺ 😐 ☹

Lernziele

- Darstellen einer See-Landschaft
- Ermischen verschiedener Blautöne
- Darstellen der Entenfamilie

Name: _____ Datum: _____

Wasser-Spiel (1)

Wie nennt man einen kleinen Fluss? **Bach**	Nenne alle Zustandsformen des Wassers. **fest, flüssig, gasförmig**	Wie nennt man eine technische Anlage, um Grundwasser zu gewinnen? **Brunnen**	Wie bezeichnet man ein in der Natur fließendes oder stehendes Wasser? **Gewässer**
In was verwandelt sich Wasser bei 100 °C? **Wasserdampf**	Bei wie viel Grad Celsius liegt der Siedepunkt des Wassers? **bei 100 °C**	Bei wie viel Grad Celsius liegt der Gefrierpunkt des Wassers? **bei 0 °C**	Wann ist Wasser am schwersten? **bei 4 °C**
Worin münden viele große Flüsse? **ins Meer**	Wie entsteht eine Wolke? **Wasserdampf kondensiert, das heißt, er wird wieder flüssig.**	Was geschieht mit dem Wasser, wenn die Sonne die Erde erwärmt? **Es verdunstet.**	Wie heißt flüssiger Niederschlag in Tropfenform? **Regen**
Wie bezeichnet man Schnee und Regen? **Niederschlag**	Wie frieren stehende Gewässer zu? **von oben her**	Was geschieht, wenn Wasser zufriert? **Das Volumen vergrößert sich.**	Woraus besteht Wasser? **aus 2 Atomen Wasserstoff und 1 Atom Sauerstoff**
Was passiert mit dem Wasser bei 0 °C? **Es gefriert.**	Welche Zustandsform hat Wasser, das verdunstet ist? **gasförmig**	Woraus besteht ein Molekül? **aus Atomen**	Wie heißt die chemische Formel für Wasser? **H$_2$0**

Name: _____ Datum: _____

Wasser-Spiel (2)

In welcher Einrichtung wird Wasser gereinigt? **Kläranlage**	Warum wird Chlor ins Wasser gegeben? **zur Desinfektion**	Was sind Fäkalien? **Stoffe, die Menschen und Tiere ausscheiden (Harn und Kot)**	Wo finden wir auf der Erde Süßwasser? **im Eis der Antarktis, in Flüssen, Seen, im Grundwasser**
Womit nimmt ein Baum das Wasser aus der Erde auf? **mit seinen Wurzeln**	Wie muss die Bodenschicht sein, damit sich dort Grundwasser sammeln kann? **wasserundurchlässig**	Was passiert bei der biologischen Reinigung in der Kläranlage? **Bakterien, Hefen und Pilze reinigen das Wasser.**	Was passiert bei der chemischen Stufe in der Kläranlage? **Chemikalien werden zur Reinigung eingesetzt.**
Woraus schöpften die Menschen früher Wasser? **aus fließenden und stehenden Gewässern**	Welches Wasser wird als Trinkwasser genutzt? **Quell- und Oberflächenwasser (Süßwasser)**	Wo wird das Wasser aufbereitet? **im Wasserwerk**	Was macht ein Hochbehälter? **Er speichert Trinkwasser.**
Was hat Archimedes im 3. Jahrhundert v. Chr. entdeckt? **die Auftriebskraft des Wassers**	Warum können eingefettete Büroklammern auf dem Wasser schwimmen? **wegen der Oberflächenspannung**	Wie nennt man die Beurteilungskriterien für fließendes Gewässer? **Güteklassen**	Wie nennt man ganz reines Wasser? **destilliertes Wasser (Aqua destillata)**
Womit werden Wasserräder und Turbinen angetrieben? **mit Wasserkraft**	Wie nennt man verunreinigtes Wasser? **Abwasser / Schmutzwasser**	Welche drei Reinigungsstufen gibt es in einer Kläranlage? **mechanische, biologische, chemische Reinigung**	Woraus besteht der größte Teil der Wasservorkommen auf der Erde? **aus Salzwasser**

Rettet unser Wasser

Spielkarten

🎈 eine Wissenskarte ziehen
🥛 noch einmal würfeln
💧 einmal aussetzen
⬜ gehe 4 Felder zurück

Name: _____ Datum: _____

Was hast du behalten? (1)

1. Wie viel der Erde ist von Wasser bedeckt?
_____

2. Wo finden wir Süßwasser?
_____

3. Wie heißen die Aggregatzustände des Wassers?
_____

4. Bei wie viel Grad Celsius gefriert bzw. schmilzt Wasser?
_____

5. Wann verdunstet Wasser?
_____
_____
_____

6. Was bedeutet „kondensieren"?
_____
_____

7. Woraus bestehen Wolken?
_____
_____

8. Warum ist Regenwasser süß und Meerwasser salzig?
_____
_____
_____
_____

Name: _____ Datum: _____

Was hast du behalten? (2)

9. Beschreibe den Wasserkreislauf.

_____
_____
_____
_____

10. Beschreibe die Vorgänge in einer Kläranlage.

_____
_____
_____
_____
_____
_____
_____

11. Was geschieht im Wasserwerk?

_____
_____
_____

12. Nenne vier Stoffe, die unser Trinkwasser verschmutzen.

_____
_____

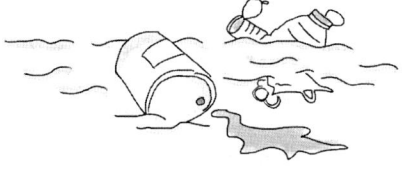

Lösungen (1)

zu Seite 12: Wann kam das Wasser auf unseren Planeten?

zu Seite 54: Ein Gewässer kann umkippen

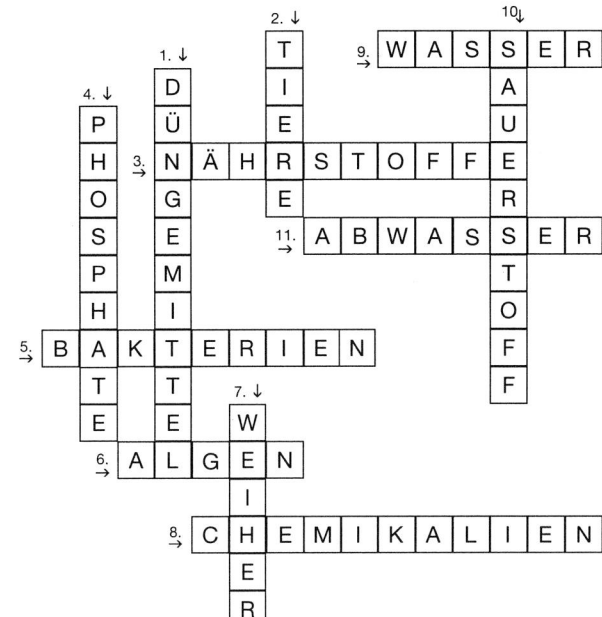

zu Seite 16: Die Aggregatzustände
Lösungswort: WASSERDAMPF

zu Seite 21: Ein Baum erzählt
Leben, verdorren, Wurzeln, Boden, Nährsalzen, Transportröhren, Stamm, Blätter, Blattoberfläche, Wasserverlust, Wasser, Sommertag

zu Seite 35: Was kann man tun, um Wasser zu schützen?
- Wirf keine Abfälle in die Kanalisation!
- Gehe sparsam mit Waschmitteln um!
- Verwende kein Waschmittel mit Phosphaten!
- Verwende nur so viel Putzmittel und Reinigungsmittel wie nötig!
- Gehe sparsam mit Badezusätzen um!
- Gib Chemikalien bei Sammelstellen ab, wirf sie nicht in die Kanalisation!
- Wirf keine alten Medikamente in die Toilette!
- Verwende nur Haushaltsgeräte, die wenig Wasser verbrauchen!
- Bewässere den Garten mit Regenwasser statt Trinkwasser!
- Gehe sparsam mit Düngemitteln um!
- Verwende keine Unkrautvernichtungsmittel!
- Verwende im Winter kein Streusalz!
- Schütte kein gebrauchtes Öl ins Abwasser! Ein Liter Öl kann eine Million Liter Wasser ungenießbar machen!

Zu Seite 40: Wie viel Regenwasser ist in der Tonne?
1. 80 m² • 15 l = 1 200 l
2. 1 200 l + 800 l = 2 000 l
3. 10 heiße Tage • 150 l = 500 l
   2 000 l - 1 500 l = 500 l
   500 l + 1 200 l (im Juni neu hinzugekommene Menge an Regenwasser) = 1 700 l
4. 11 heiße Tage • 150 l = 1 650 l
   1 700 l (Restwert von Juni) - 1 650 l = 50 l
   50 l + 1 200 l (im Juli neu hinzugekommene Menge an Regenwasser) = 1 250 l

Lösungen (2)

zu Seite 60: Über die Ozeane und die Meere
Lösungswort: UNTERWASSERWELT

zu Seite 55: Wassertiere

B					T		A	I					E	H	F
	I			H		A	W			L		E	I		
		B		C		H	L	A		E		B	I	S	
	S	E	E	T	E	U	F	E	L	R		B		L	C
	H		R	O	B	B	E		K	A			B	H	
G	A	R	N	E	L	E			A	R			U	O	
	H	U	M	M	E	R	M		K	R	A	K	E	T	T
	S	E	E	P	F	E	R	D	C	H	E	N		T	T
D				S	C	H	W	I	M	M	R	A	T	T	E
E	Q		S	E	E	Z	U	N	G	E			E	R	
L	U	M		E						F	I	L			
P	A	U		K				L	T		L				
H	L	R		U	R			O	A	O					
I	L	Ä		H		E	W		N	H	C				
N	E	N				E	B		C		H				
		E			E		S				S				
M	E	E	R	E	S	S	C	H	I	L	D	K	R	Ö	T	E
				T	I	N	T	E	N	F	I	S	C	H	

zu Seite 61: Wasser- und Sumpfpflanzen

								L	A	I	C	H	K	R	A	U	T
R	W	T										S			W		
O	W	A	S	S	E	R	H	A	H	N	E	N	F	U	ß	A	
H	U	S				O						M			S		
R	S		S	S		R				N			P		S		
K	E			E		N		E				F		E			
O	N			E	R	B		G			F	D		R			
L	D			R	L	L			B	R		O		S			
B	B			O	A	I			I	O		T		C			
E	L			S	T	N		N	S		T		H				
N	A			E	T			S	S	C		E		W			
	T					A		E	H		R		E				
	T					R			B		B		R				
		W	O	L	L	G	R	A	S		I		L	T			
			T	E	I	C	H	R	O	S	E	U	L				
				E					S		M	I					
W	A	S	S	E	R	P	E	S	T				E	L			
													I				
I	G	E	L	K	O	L	B	E	N				E				

zu Seite 69: Händels Wassermusik
Mögliche Höreindrücke (wechseln im Lauf der Wassermusik):
ruhiges Wasser, lebendiges Wasser, fließend, plätschernd, Wasser fließt schneller/langsamer, reißender Strom, mögliche Assoziationen: Fluss: mal schmaler/mal breiter, Wasserfontänen, Springbrunnen, Wasserorgel, Wasserfall …

Literaturhinweise

- DK Verlag Dorling Kindersley (Hrsg.): Wasser: Der Quelle des Lebens auf der Spur.
- Gerry, Lisa/Postel, Sandra: National Geographic Kids: WASSER! Jeder Tropfen zählt! Setz dich für den Schutz des Wassers ein!. Edizioni White Star SrL 2023.
- Steinlein, Christina: Ohne Wasser geht nichts!: Alles über den wichtigsten Stoff der Welt. Beltz & Gelberg 2020.
- van Saan, Anita: Expedition Natur: Das Wasserforscherbuch. moses. Verlag 2021.

Internetadressen:

www.bmuv.de, www.umweltbundesamt.de, www.greenpeace.de, www.maerchenlexikon.de, www.wasser.de, www.das-tierlexikon.de, www.wasistwas.de